「火附盗賊改」の正体

――幕府と盗賊の三百年戦争

丹野顯
Tanno Akira

a pilot of wisdom

目次

第五章　二人の長谷川平蔵

図版作成／ＭＯＴＨＥＲ

はじめに

殺戮《さつりく》部隊から捕物組織へ

「火附盗賊 改《ひつけとうぞくあらため》」といえば、「長谷川平蔵《はせがわへいぞう》」の名があがる。あるいは「長谷川平蔵の名しかあがらない」といってもよい。しかし火附盗賊改は二〇〇年の間に約二〇〇人もおり、再任・再々任を含めれば延べ二五〇人に近い。江戸の町奉行が南北合わせても二六〇年間に八四人（延べ九五人）であることからすると、火附盗賊改の多いのに驚かされる。

将軍ごとの就任者数をみると、一三ページの表のようになる。ただし火附盗賊改の任命は、町奉行が「役職」に任じられたのと違って、しばしば将軍じきじきに「役目」の口達《こうたつ》によって命じられたので、任命が記録されないこともあった。本書ではそれを補って表の数とする。

四代家綱《いえつな》のとき、すでに南北の町奉行が江戸の治安・警察・裁判を担当していたのに、なぜ屋上に屋《おく》を架すかのように「盗賊改」（火附盗賊改の前身）を新たに設けたのか。それは町奉行とはまったく別種の治安・警察部隊が緊急に必要だったからである。

新設された「盗賊改」は江戸を遠く離れた各地に出動すると、敵対する相手を捕縛・服属させることは眼中になく、皆殺しにするのが使命であった。そのために選ばれたのは、かつて戦国の合戦場で真っ先に敵陣に突進して戦端を開いた武将（足軽大将）の裔《すえ》である先手頭《さきてがしら》とその部下の先手組《さきてぐみ》であった。彼らはかつて合戦では凱旋《がいせん》するか、負け戦ならば多くが討死《うちじに》した。

先手組は寛永九年（一六三二）に創置されたときは弓一〇組・筒（鉄砲）一五組であり、その組頭《くみがしら》である先手頭（先手弓頭《ゆみがしら》・先手筒頭《つつがしら》）は旗本の番方《ばんかた》（武官）のトップ職であった。この二五組（のち三四組）の先手頭の中から一人だけが選ばれて火附盗賊改に就く。本来の任務である先手頭に加えて火附盗賊改を兼務するので「加役《かやく》」とよばれた。初めて盗賊改を命じられたのは寛文五年（一六六五）、水野小左衛門守正《みずのしょうざえもんもりまさ》である。

当初は殺戮部隊であった盗賊改も、武断政治から文治政治に転換した綱吉《つなよし》時代には捕らえた者を裁判で処罰するようになった。先手組の任務も平和的になり、江戸城の諸門の警備や将軍の菩提寺参詣《ぼだいじさんけい》の警護などを担当した。しかし火附盗賊改を命じられた一組の先手組だけは抵抗する強窃盗犯・放火犯などを斬殺《ざんさつ》することが許され、取り調べでは拷問も行なった。

ところで次頁の表では五代綱吉と八代吉宗《よしむね》のときに火附盗賊改の就任数が急に増えている。綱吉のときは江戸市中に放火と強盗が連動し増加したので、「盗賊改」に加えて「火附改」が、その後さらに「博奕改《ばくちあらため》」も置かれ、三人の改役が活動したからである。最初の火附改は天和《てんな》三年（一六八三）の中山勘解由《かげゆ》直守である。盗賊改・火附改・博奕改の三改役が改廃をへて一つに合体され、「火附盗賊改」となるのは、八代吉宗の享保《きょうほう》三年（一七一八）である。

吉宗時代にも火附盗賊改は三七人と増えるが、これは「本役（定加役《じょうかやく》・定役）」に加えて「助役《すけやく》」、さらに「増役《ましやく》」が置かれたためである。本役は免職（多くは転役）を命じられるまで勤める。ふつう勤続は二年前後だが、吉宗の初政期に安部《あべ》式《しき》部《ぶ》信旨《のぶむね》は一〇年、江戸半ばの長谷川平蔵は九年にわたって在職した。

助役（当分加役・半年加役とも）は火事が多発する一〇月から翌年三月までの冬季に任命されて本役を助ける。また増役は本役・助役だけでは対処できないとき臨時的に任命された。助役を

将軍別にみた
町奉行・火附盗賊改の就任数（延べ）

将軍	在職期間	町奉行	火盗改
家康	2年2カ月	2人	―
秀忠	18年3カ月	1	―
家光	27年9カ月	5	―
家綱	28年9カ月	6	8
綱吉	28年5カ月	13	34
家宣	3年5カ月	0	1
家継	3年	1	6
吉宗	29年1カ月	8	37
家重	14年5カ月	4	28
家治	26年1カ月	3	50
家斉	50年	14	60
家慶	15年10カ月	10	10
家定	4年9カ月	3	3
家茂	7年9カ月	16	11
慶喜	1年1カ月	9	―
		95	248

【注】「加役」248名の〔本務〕は、先手頭225名、持頭8名、目付5名、寄合2名、鉄砲用役2名、火盗改専任6名。

へて本役を務めるのが順当であるが、助役だけで終わる者が多かった。

火附盗賊改の与力・同心のハンデ

江戸の町方人口は享保六年には五〇万をこえており、武家人口もほぼ同数であったから、江戸は一〇〇万以上の人が暮らす巨大都市で、市中では強盗・窃盗・殺人・放火・賭博《とばく》・勾引《かどわかし》などの凶悪犯罪が多発した。江戸の治安・警察の主役は町奉行所と火附盗賊改方であったが、両者の間ではしばしば支配権限争いが起きた。いずれも手足となって活躍するのは配下の与力と同心である。ところが両者の与力・同心の立場は著しく違っていた。

町奉行所には南北それぞれに与力二五騎・同心一〇〇人（のち一四〇人）がおり、彼らはほかの役所の与力・同心と同様に元来は一代限りの「御抱席《おかかえせき》」のはずが、現実にはその子も与力・同心に採用されて、親子代々が町奉行所に専従する世襲職となっていた。与力の子は与力として、同心の子は同心として幼時から必須の学問・武術を仕付けられた。町奉行所には吟味方から見廻《みまわ》り方《かた》（召捕り方）まで二〇余りの専門化した役目があり、それぞれに家職のようなプロフェッショナルがいた。

一方、火附盗賊改の先手組は三四組のうちの一組が選任されるが、組によって与力は五〜一〇騎、同心は三〇～五〇人と違っていた。与力の少ない組は火盗改《かとうあらため》就任とともに一〇騎に増員される。しかし重大なのは三四組ある先手組の間に火附盗賊改方としての経験に大差があったことである。何度も火盗改を命じられて犯罪の捜査、犯人の捕縛・取り調べに熟達した与力・同心が多い組がある一方で、逆にそうした経験の少ない組があることだった。

たとえば先手筒組二三番組は二〇〇年間に一度も火附盗賊改を務めたことがない。一度だけというのも五組ある。その一方で先手弓組二番組は歴代三九人の御頭《おかしら》のうち一二人が火盗改を命じられた。贄正寿《にえまさとし》・横田松房《としふさ》についでこのエリート組を引き継いだのが長谷川平蔵である。御頭の手腕は重要だが、ベテランの与力・同心の有無によって活躍は違ってくる。

その点、町奉行所の場合は時に力不足の町奉行が就任しても、つねに世襲のベテラン与力・同心によって仕事に支障が生ずることなく処理された。「名奉行」は何人も生まれたが、「名火附盗賊改」がなかなか生まれないのは、こんな職制上の違いにも一因がある。

さらに根本的なことは火附盗賊改が幕末の文久二年（一八六二）に至るまで独立の専任職でなく、先手頭の「加役」でありつづけたため、町奉行所のように一定の役所が設けられず、任命された旗本の屋敷が役所であったことである。江戸の住人はいまの火附盗賊改がだれで、役所がどこにあるのか、ほとんどが知らなかった。町奉行とくらべると、火附盗賊改はとかく日陰の立場に置かれつづけてきたのである。

盗賊と火附盗賊改の対決

江戸時代を通じて数えきれないほどの盗賊が出現しては、磔《はりつけ》・獄門台の露と消えた。幕府の警察体制を根底からゆさぶった盗賊は何人もいるが、なかでも江戸時代随一の「大盗」といえるのが、一〇〇〇人をこえる手下をひきいて東海道筋八カ国を股にかけて押込《おしこみ》強盗を働いた日《に》本左衛門《ぽんざえもん》である。幕府は全国に指名手配をして追ったが捕らえることができず、京都町奉行所へ自首してくれたおかげで獄門にかけることができ、かろうじて面目を保った。

一方、日本左衛門と対照的なのは、たった一人で百数十回も大名屋敷に忍び込んで三〇〇〇両余の盗みをかさねた鼠小僧次郎吉《ねずみこぞうじろきち》である。盗難に遭った諸大名家約一〇〇家はどこも被害届を出さなかった。一〇年目に小幡《おばた》藩上屋敷《かみやしき》で捕まった「こそ泥」を北町奉行所で取り調べて、初めて鼠小僧とわかった。

日本左衛門や鼠小僧の盗みは幕府に対する重大な挑戦であったが、さらに江戸城から四〇〇〇両を盗んだ「御金蔵破《ごきんぞうやぶ》り」も現われた。しかし幕府にとって最大の強敵は、「大盗」や「怪盗」「御金蔵破り」よりも、じつは江戸市中で連日、日常的に起きていた凶悪な強盗・窃盗・

放火であった。一筋縄ではいかなかった盗賊たちと、武闘派の猛者ぞろいの火附盗賊改との争闘を、その淵源から結末に至るまで追ってみた。

＊文献の引用は読みやすさを考慮して現代語訳にしたり、漢字・仮名・句読点などを改めた。

第一章　戦国の争乱から「徳川の平和《パクス・トクガワーナ》」へ

火附盗賊改の原像

野盗・草賊の群れ

徳川家康が江戸に幕府をひらいて、すでに八年がすぎていた。慶長一六年（一六一一）七月、関東の北のはずれから江戸へ急報が届いた。常陸《ひたち》・下野《しもつけ》に野盗・草賊が群居し、昼夜をわかたず村々を襲い、道中を行き来する者を殺傷し、金品を強奪しているという。

幕府はただちに服部中保正《はっとりなかのやすまさ》・細井金兵衛勝久・久永《ひさなが》源兵衛重勝の三人に誅戮《ちゅうりく》（皆殺し）を命じた。三人とも戦国の合戦場で先鋒《せんぽう》をになった足軽大将たちである。

「賊等此《ぞくらこの》よし伝え聞いて、党をむすび競いあつまりしを、三人速やかに馳《は》せ向かい、数百人生擒《いけどり》し、その首を切って小山《おやま》・芋柄《いもがら》・新田《しんでん》、其外《そのほか》九十三所に梟首《きょうしゅ》す」

（『徳川実紀』慶長一六年八月三日）

徳川家康の足軽大将の精鋭が攻めてくるのに対抗し、「賊ら」は真っ向から戦う気勢で結集したというから、彼らも戦場をくぐりぬけてきた敗軍の兵や野武士であった。しかし服部中保正は鉄砲同心七七人、細井金兵衛は三〇人を家康からあずけられている。野賊らの火器・武器は敗戦のさなか手に入れたポンコツであり、とても対抗することはかなわなかった。

服部中保正らは三手に分かれて山野にたむろする賊徒らを狩り、抵抗する者は撃ち、斬り、降伏する者は捕らえた。生け捕りしたのは三〇〇人余におよび、下野小山（栃木県小山市）の芋柄・新田など九三カ所ですべて晒《さら》し首にした。

幕府をひらいて八年だが、家康が関東に入国してからは二〇年もすぎており、ようやく北関東の野盗・盗賊集団を一時的ではあるが壊滅することができた。この後、幕府の組織・体制づくりが進むが、関東の荒野に幕府の治安・警察の支配力が及ぶにはなおも波瀾《はらん》があった。

家康を迎えた関東

徳川家康が東海五カ国（駿河《するが》・遠江《とおとうみ》・三河・甲斐《かい》・信濃《しなの》）から関東六カ国（伊豆《いず》・相模《さがみ》・武蔵《むさし》・上総《かずさ》・下総《しもうさ》・上野《こうずけ》）へ入国したのは二一年前、天正一八年（一五九〇）八月一日、「八朔《はっさく》」である。のちにこの日は幕府の重要な祝日となるが、じつは豊臣秀吉によって家康は体よく未開の荒れ地が広がる関東へ追いやられたのである。

この五カ月前の三月一日、秀吉は小田原・北条攻めに京都・聚楽第《じゅらくてい》を進発した。総勢は二一万、うち一〇万余が四月初めには小田原城を包囲して兵糧攻めにし、その他の軍勢は関東各地にあった北条方の支城六〇余を攻撃した。四〇余の支城は戦わずに開城した。

小田原城は三カ月あまりもちこたえて、小田原評定をかさねていた。すでに鉢形《はちがた》城・八王子城・韮山《にらやま》城など北条方の主要な城は落ち、七月に籠城《ろうじょう》をつづけていたのは小田原城と、石田三成《みつなり》が水攻めしていた武蔵忍城《おし》（行田《ぎょうだ》市）だけであった。ついに七月五日、北条氏直は秀吉に降伏を申し入れた。そして小田原落城後の一七日、忍城を守っていた城代成田長親《ながちか》も開城した。

秀吉は家康の娘婿だった氏直の命を助けて高野山へ送り、家康に恩を売った形である。代わりに主戦論を唱えていた氏直の父の氏政とその弟氏照および重臣二人に切腹を命じた。北条早雲以来五代一〇〇年にわたって関東に覇を唱えた後北条《ごほうじょう》氏はここに滅亡した。

秀吉はこの北条攻めの第一の論功行賞という美名のもとに家康を北条氏の旧領へ移封したのである。石高は二四〇万二〇〇〇石（このほか近江《おうみ》・伊勢《いせ》・遠江・駿河に約一〇万石）と大幅にふえた。しかし関東は戦国の長い間、上杉・武田・北条が三つ巴《みつどもえ》の争奪戦をくりひろげてきたところで、土豪や百姓は「関東の三国志」の争乱を生きてきた。ところが、この一〇年たらずの間に武田氏が滅亡し、ついで北条氏が滅びた。

その戦乱後の荒廃した関東に新たな支配者として徳川氏が鉢植えされた。家康が直面したのは疲弊した土地に住まう百姓たちと、武田・北条の大量の敗残兵の群れであった。秀吉としては内乱・一揆でもおきて、家康の関東統治が失敗すれば願ってもないことと期待していた。

徳川家臣団の関東配備

家康は北条氏の旧領である関東に入国すると、江戸を中心に関東全域に一〇〇万石を上まわる直轄領（天領）を確保した。同時に譜代の家臣と徳川一門の四二名に三万～一二万石の所領を与えて、かつての北条氏の支城に配置した。親藩・譜代の「大名」たちである。

さらに支城から江戸城にかけての直轄領には中小クラスの譜代の家臣領を置いた。彼らはのちに「大名」あるいは「旗本」になる。最初に野武士・野盗などの反徳川の者たちの討伐を行なったのは、これら関東各地に配された家康配下の手勢であった。

同時に家康は一〇〇万石余の直轄領には「関東総奉行」のもとに「代官頭《だいかんがしら》」をもうけて村々を支配させる体制をつくった。しかし代官頭は新たな領地での検地や新田開発・灌漑《かんがい》・治水など年貢確保がおもな仕事であり、盗みや人殺しを取り締まる治安・警察力はほとんどなく、のちの火附盗賊改につながる働きはもっていない。

一〇年たらずの間に関東・甲信に覇を争った武田・北条の二大戦国大名が相ついで滅亡し、戦死した両軍の将士・足軽・百姓は数万に達し、さらにそれをはるかに上まわる者が敗残の身となり生き残った。彼らはどこへ行ったのか。

敗軍の将士の行方

落城した小田原城には北条氏の直属家臣・半農半士の土豪・足軽だけでなく、領内から徴発された農兵、近郷の村から逃げ込んだ百姓やその妻子ら数万が籠城・避難していたが、北条氏政・氏照らの切腹の見返りに開城二日後の七月七日に解放されて城から出された。

城兵・農兵・避難住民の百姓らの解放は小田原城だけでなく、関東全域にあった北条氏の支城六〇前後でも、敗戦と同時に各城から追い出された。敗残兵の数だけで三万五〇〇〇余、各城に避難していた百姓らも含めれば一〇万余の数になるだろう。かつては殺して晒された将兵や、また戦利品にされたその妻子もみな解放された。

秀吉と家康はめぼしい将士の新規召し抱えを盛んに行なっている。家康は八年前の武田氏の滅亡のとき信長の命令を無視して旧臣を大量に召し抱えたが、北条氏のときも武功赫々《かくかく》たる将士を確保した。その子孫は旗本として、のちに町奉行・勘定奉行や火附盗賊改ほかの要職で活躍する。

一方、大量に発生した北条氏の敗軍の雑兵《ぞうひょう》や領民たちは城を出たのち、どこへ行ったのか。土豪や職人・百姓は入城する前に暮らしていた町や村へほうほうの体《てい》で帰り着いて、もとの職人や百姓にもどり、新たな徳川体制の新領主に従属して働いた。しかし帰る土地がなく、新規の召し抱えもかなわぬ足軽・雑兵たちは、城下町づくりにわく江戸へ流れて人足などになるか、戦場をはなれて関東各地の町や村に滞留して生きつないだ。

そのなかには食い物を得る手立てが戦場でおぼえた殺戮《さつりく》・掠奪《りゃくだつ》しかないという者も多かった。彼らは刀や槍《やり》・銃を持っていて、隠れ住むのに格好な土地を見つけ、やがて集住して徒党を組み、近辺の町や村の住人、街道筋の旅人らを襲撃・強奪することで力を強大化していった。

盗賊が盗賊を狩る

小田原落城のとき、籠城兵のなかに三浦浄心《みうらじょうしん》という武士がいた。相模国三浦郡の豪族三浦氏の一族で、一三歳で北条氏政に仕え、北条氏滅亡のこのとき二六歳であった。浄心は小田原城を出ると三浦へもどって武士を捨て、のち城下町造成でわきたつ江戸に出て、米商いでにぎわう伊勢町に住んで商人となった。

そのかたわら恵まれた文才を発揮して『慶長見聞集《けいちょうけんもんしゅう》』『北条五代記』『そゞろ物語』など、歴史書・随筆ほか仮名草子まで書いて、「江戸最初の文筆家」と呼ばれる活躍をした。晩年には寛永寺の天海《てんかい》僧正に帰依して出家する。

その『慶長見聞集』（一六一四年成立）には、戦国末期から江戸初期の約五〇年にわたる見聞が記録されている。そこには京都の三条河原で「釜煎《かまいり》」の刑になった石川五右衛門の記録もあるが、家康が関東に入国した天正・文禄期から幕府草創期の慶長期（一五九六〜一六一五）の荒涼とした関東の盗賊の横行ぶりも書かれている。


「見しは昔、関東に盗人多くありて諸国に横行し、人の財産をうばいとり、土民をなやまし、旅人の衣装をはぎとる。かれを在々所々にて捕らえ首を切り、はたもの（磔《はりつけ》）、火あぶりになし給《たま》えど尽きず。然る所に下総の国向崎《こうさき》という在所の傍らに甚内《じんない》という大盗人ありしが、訴人出《いで》て申しけるは、『関東に頭《かしら》をする大盗人千人も二千人も候《そうろう》べし。これ皆いにしえ名を得しいたずら者、風魔《ふうま》が一類らっぱ（乱波《らっぱ》）の子孫どもなり。この者どもの有る所残りなく存知たり。案内《あない》申すべし。盗人狩り給うべし』と云う。江戸町御奉行衆聞こし召し、『願うに幸かな』と仰せありて、誅伐《ちゆうばつ》追討のため人数をもよおし、向崎甚内を先立て、関東国中の盗人を狩り給う」

(『慶長見聞集』関八州盗人狩の事)

二つのことが語られている。家康が入国したころ、関東各地にはおびただしい数の盗賊が跋《ばつ》扈《こ》していて、町・村の家々に押し入って物を奪い去り、旅人を襲って持ち物・衣類をはぎとった。家康は盗賊を捕らえて首を斬り、磔にし、火あぶりにしたが、盗賊は尽きることがなかったという。残念ながら、盗賊を処刑したのはだれだったかは書かれていない。

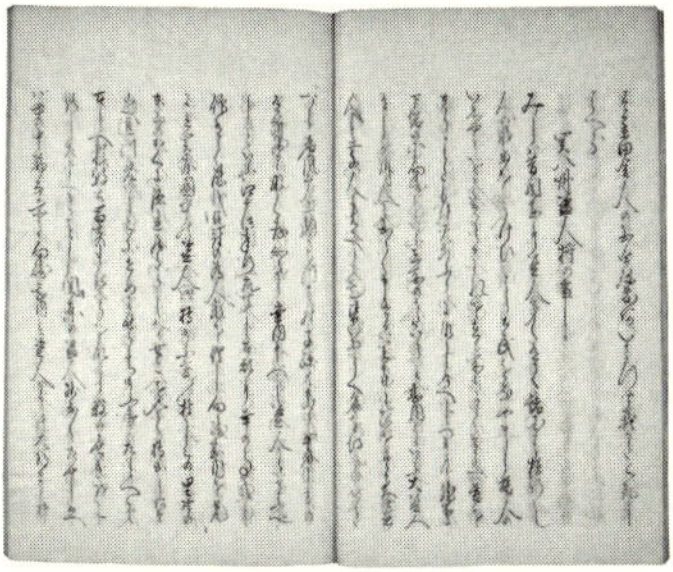

『慶長見聞集』　江戸初期の江戸・関東の世情・人情・風俗・故事、また盗賊の動静などまで記録する
(早稲田大学図書館所蔵)

次いで向崎甚内という大盗賊が登場した。甚内は家康入国の前から関東に根をはっていた甲斐武田の乱波系(忍びの者)の盗賊の元締めと考えられる。甚内は幕府の江戸町奉行衆に、「いま暴れまわっている盗賊たちは北条氏の忍者風魔小太郎《こたろう》党の乱波たちです。やつらの住処《すみか》はことごとく知っており、案内しますから盗っ人狩りをされてはいかがでしょう」と持ちかけた。町奉行衆は「願ったりであ

る」と、甚内を先導役にして誅伐追討の軍勢を向かわせ、関東中の盗賊を捕殺したという。

じつは家康は江戸町奉行に先立って慶長六年に「関東総奉行」という役職を創置して青山忠成と内藤清成・本多正信を任じた。与力二五騎・同心一〇〇人が直属したから相当の武力を発揮できる。しかし江戸市中だけでなく関東全域の直轄領を守備範囲としたため、現実に江戸を遠く離れた農山村の取り締まりまではむりであった。

関東総奉行は五年間だけ置かれ、慶長一一年に廃止されて新たに「江戸町奉行」(町奉行の前身)が創設された。それがいつかは諸説あるが、『町奉行前録』(幕府引継書)によれば米津《よねきつ》勘兵衛田政《みちまさ》(「たまさ」とも)が慶長九年一一月に就任して寛永元年(一六二四)まで在任している。先の向崎甚内が風魔系の盗賊狩りをもちかけたのは、この米津勘兵衛であろう。

風魔小太郎と向崎甚内

江戸初期に関東各地で暴れまわり、向崎甚内の先導によって討伐された「風魔が一類乱波の子孫」といわれた盗賊集団は、どういう者たちだったのか。

戦国の忍者というと伊賀者・甲賀者が名高いが、「風魔」はまったく別系統で、伊豆との国境をなす相模国足柄下郡(神奈川県西部)の山中を本拠とする異能集団だった。北条早雲が駿河・伊豆から相模へと侵攻したときに従い、その麾下《きか》に入った。

北条氏三代目の北条氏康のときには甲斐・武田氏との戦いでゲリラ戦を展開して、その戦いぶりが恐れられた。ふつう合戦となると、具足が重くなって身動きがままならなくなるので雨をきらう。しかし風魔は雨をいっこう苦にしなかった。風魔党は二〇〇人ほどからなり、騎馬による奇襲戦を得意とした。敵襲するとき騎乗したまま敵陣に突入して蹂躙《じゅうりん》し、食糧・武器類を劫掠《ごうりやく》すると火を放って引き上げる。

三浦浄心とともに北条氏直に仕えていた風魔小太郎は五代目の小太郎であった。浄心は『北条五代記』で、同僚でもあったこの小太郎について「乱波の大将で身の丈《たけ》七尺二寸（二一八センチ）もあり、身体・手足は筋骨が瘤《こぶ》のように隆々とし、目が逆さに吊《つ》り上がっていて頰《ほお》から口は黒髭《くろひげ》におおわれ、四本の歯が牙《きば》のように剝《む》き出していた」（巻之九）と書いている。戦国北条氏の尺度は数値が違うかもしれないが、その姿はさながら不動明王のようである。

小田原落城後、風魔小太郎は数人の側近を従えて江戸周辺に移り住んだらしいが、そんな異相であればすぐに幕府も向崎甚内も居所をつかみそうなのに、長いこと潜伏できている。一方、小太郎から離れて関東の各地に散った風魔の乱波二〇〇人近くは、単独あるいは徒党を組んで野武士化し、かつて戦場でくりひろげた放火と掠奪を生きる手段にした。

それまですでに関東に盗賊の勢力をつちかってきた武田系の乱波・透波《すっぱ》の頭領向崎甚内にとっては、強力なライバルの新規参入である。早いところ叩《たた》きつぶさなければならない。当時は幕府の警察力と向崎甚内勢と風魔小太郎一党の力は鼎立《ていりつ》状態で、単独では制圧できなかった。

磔になった戦国の巨魁《きょかい》

甚内は幕府に風魔党の討滅を売り込んで、幕府の武力を利用するのに功を奏した。

「ここの村、かしこの里、野のすえ、山の奥に隠れている盗っ人を、勢子《せこ》を入れて狩りだし、あそこへ追いつめ、かしこに攻めよせて殺したのは、さながら源頼朝公が富士の裾野《すその》の巻狩《まきがり》で多数の鹿を殺したときのようだった」

（『慶長見聞集』同）

盗賊は敵兵と同じで、いちいち召し捕らずに殺してしまうのが戦国の常套《じょうとう》である。しかし頭領の風魔小太郎に対しては幕府の武威を示すために、慶長八年に捕らえると、江戸で処刑した。江戸最初期の大盗向崎甚内は、幕府の武力を借りて風魔党だけでなく、ライバル関係にあった群小の盗賊を一掃した。

甚内神社　大盗賊向崎甚内は江戸庶民から瘧の治癒神としてまつられた（東京都・浅草橋）

といっても関東に盗賊がいなくなったのではない。この間に甚内は隷属してくる盗賊を配下に加えて組織を増大・強大化した。みずから「盗人狩りの大将」と称して帰属した盗賊たちを従え、屋敷を大名のように武装化したのである。ここにいたって幕府は甚内との蜜月《みつげつ》関係を断ち、甚内も追討することにした。

甚内は各所を転々と逃れたが、慶長一八年、持病の瘧《おこり》（マラリア）で寝込んでいたところを捕手に襲われて捕らわれた。幕府は向崎甚内に対しては風魔小太郎とは違って「見懲《みご》らし」のため、江戸市中を引廻しのうえ浅草鳥越《とりごえ》の刑場で磔にした。

「見懲らし」というのは処刑の執行を公開して「罪を犯すと、こんな目に遭うぞ」と脅迫と教化で犯罪を予防するのである。ところが向崎甚内の場合は逆効果で、処刑後に甚内神社が建ってしまった。極悪人には常人にはない異能があると信じられていて、瘧のせいで無念にも捕縛された甚内には瘧の治癒力があると信じられ、彼に平癒を祈願する者が絶えなかった。

向崎甚内が処刑され、戦国以来の流れを汲《く》む盗賊は壊滅した。同時に幕府の盗賊掃滅策の先鋒であった服部中保正・細井金兵衛勝久・久永源兵衛重勝のような足軽大将も治安警察体制の整備にともない、新しい組織に変えられていく。

火附盗賊改誕生前夜

だれが盗賊と戦うか

慶長・元和《げんな》(一五九六〜一六二四)の徳川幕府創業期には、幕府の政治組織は改編・廃止があわただしく、なかでも関東全域の治安・警察態勢は定まらなかった。前述のように「関東総奉行」は慶長六年から五年しかつづかなかった。その後の「江戸町奉行」にしても、のちの町奉行とは職掌も組織も違い、家康・秀忠時代には職務の分担は明確でなく、ほかの重職を兼任していた。

ようやく三代将軍家光にいたって、寛永八年に「町奉行」の定員が二名となり、私邸ではなく南北の両町奉行所が設けられて専従の与力・同心が配され、江戸の町政全般を統轄することになった。一方、寛永一二年にはそれまで「年寄」と呼ばれていた「老中」以下の主要役職の所管が定められた。このとき「寺社奉行」も設けられ、また幕府直轄領の民政と幕府の財政を統轄する「勘定奉行（勘定頭《がしら》）」の仕事も確定された。

勘定奉行は老中の支配のもと、五人が月番で諸国の代官を支配したが、関東はとくに重要視され、伊奈忠治《いなただはる》が関東全域の幕府領の農政を管掌した。「関東郡代」という職名が定まるのはずっとあとの元禄期（一六八八〜一七〇四）である。関東の代官を支配するとともに、関東全域の新田開発や河川改修・灌漑・検地・年貢徴収といった農政の根幹をにない、農村・農民の暮らしを監督した。大川（隅田川）を渡った本所・深川も享保《きょうほう》四年（一七一九）以前は関東郡代の支配地であった。

火附盗賊改が創設される以前、幕府は盗賊対策をいろいろ打ち出した。寛永一四年一〇月には関八州と伊豆・甲斐・信濃のすべての代官・地頭（旗本領の管理人）に、村々から盗賊・悪党を締め出すよう命じたが、代官・地頭には十分な警察力がなかったので、武力鎮圧とは程遠く、この命令は出しっぱなしで終わっている。

盗賊対策が大きく展開するのは四代将軍家綱のときである。明暦《めいれき》三年（一六五七）に御触《おふれ》として「盗賊人穿鑿《せんさく》条々」が発令され、八年後の寛文五年（一六六五）には「盗賊改」が新設される。これが中核になって、のちの「火附盗賊改」へと発展していく。

明暦三年一月、幕府が関東の村々に出した「盗賊人穿鑿条々」は、代官や地頭ではなく、直接農民に対して盗賊追放策を命じたもので、九カ条にわたる長文だが、農民にもわかるように身近な例を具体的にあげ、村々からの盗人の排除をはかっている。当時の村人の暮らしぶりもわかるので、要約する。

「盗賊人穿鑿条々」

一、五人組をしっかりと決め、耕作や商売をしない者、ときどき遠国へ行く輩《やから》、博奕《ばくち》その他の賭けごとを好む者、不似合いの立派な衣服を着るなど不審な者がいたら、ただちに届け出ること。他所《よそ》へ出かけて一泊するときは、行き先・用向きを名主・五人組に告げて出かけること。

一、身元不明の浪人をいっさい置かないこと。

一、用事がないのに他所から来た者を泊めてはならない。

一、村の要所に番屋を設けて夜番をし、村内はもちろん隣村で見つけた盗人であっても捕

らえておくこと。また出家・山伏・行人《ぎょうにん》・虚無僧《こむそう》・鉦叩《かねたた》き・穢多《えた》・乞食《こじき》・非人《ひにん》など、
また盗人を泊めてはならない。
一、夜盗に出会ったときは、ただちに地頭・代官まで届け出ること。
一、寺や神社、山林に不審な者がいたら捕らえ、地頭・代官に引き渡すこと。捕らえられなかったら庄屋に届け、庄屋は人を集めて搦《から》め捕ること。
一、山中で許可のない者が鉄砲を所持してはならない。
一、各地に馬盗人がいるので、不審な者が馬を引いて通る場合には行く先をたずね、怪しければ、その地の名主・五人組へ事情を伝えて帰ること。
一、盗人の盗んだ物を見つけたら、ただちに五人組が立ち会って詮議し、決着をつけること。遅滞して盗人を逃がしたら、名主・五人組を処罰する。(『御触書《おふれがき》寛保集成』二七五五)

さらに盗人を訴え出るとひどい仕返しをうけかねないので、内密に地頭・代官所へ書き送るようすすめ、身の安全を保証するとともに褒美を与えることも約束している。村へ盗人が入るのを防ぐと同時に、村人が盗人となって出ていくことも、お互いに監視し合うようにさせた。関東の村々に出された「盗賊人穿鑿条々」は、村での盗みの発生を抑えるうえで一定の効果

明暦の大火では神田川際の浅草御門が閉ざされ、逃げ場を失った群衆が焼死・溺死（『むさしあぶみ』早稲田大学図書館所蔵）

が期待できた。一方、大都市の江戸では町奉行所が盗賊の捕縛に躍起となっていたが、この「盗賊人穿鑿条々」が出された同じ月、江戸最大の都市災害が起きた。「明暦の大火」である。

明暦の大火

「明暦の大火」は「振袖《ふりそで》火事」ともよばれる。明暦三年一月一八日午後一時ごろ、本郷丸山町の法華宗・本妙寺で商家の娘の法会が営まれ、そのとき供養していた振袖に火がうつり失火したという。しかし放火説もあって、原因は確定しない。

このとき江戸の町は前年一一月から雨が降っていなくて乾燥しきっており、この日は朝から強い北西風が吹いていた。火事は飛び火して、たちまち本郷から神田・日本橋一帯を焼きつくし、ようやく真夜中の午前二時ごろにいったん鎮火した。当時、大川には対岸の本所・深川へ渡る橋はなかったので、数万の群衆が逃げ場を失って焼死した。

一方、江戸城中では将軍家綱は夜中に二の丸にのぼって火事の様子を見て、「消防の輩に心いれ力をつくすべきむね仰せ出《いだ》さる」（『徳川実紀』）と懸命の消火を命じた。この消防隊は江戸城と幕府の重要施設を消火するのが役目の大名火消《ひけし》である。

ところが翌朝午前一一時ごろ、こんどは小石川伝通院《でんづういん》あたりから出火、さらに番町からも火が出て、この日も北西の強風にあおられ、飛び火が江戸城に移った。天守閣が巨大な火の柱となって炎上し、本丸・二の丸・三の丸が焼け落ちた。鎮火したのは翌二〇日の朝方だった。焼失した大名屋敷一六〇余、旗本屋敷七七〇余、寺社三五〇余、町屋四〇〇町、橋六〇余、蔵九〇〇〇におよんだ。焼死者は一〇万七〇〇〇人余に達したという（『武江《ぶこう》年表』ほか）。こんなときこそ獅子奮迅《ししふんじん》の働きをする町火消《まちびけし》も火附盗賊改も、いまだ設けられていなかったのである。

大火が「盗賊改」を生む

江戸市中では大火の最中も直後にも火災現場では盗みが横行し、鎮火後にさらに付け火をする者が現われた。「火附盗賊改」がこのときほど必備の役職として切望されたことはなかった。

町奉行の神尾元勝《かんおもとかつ》と石谷貞清《いしがいさだきよ》は、町方への粥《かゆ》の施行や米の廉売を取り仕切り、さらに新たな都市再建の計画に追われ、治安確保には手がまわらなかった。

幕府がこの非常事態に打った手は、二二日に井上正利・小笠原忠知《ただとも》・水野忠職《ただもと》・青山幸利《よしとし》・水野忠善《ただよし》の五人に江戸市中を警邏《けいら》させ、火付や盗みなどの賊徒を捕縛することであった。彼らは四万五〇〇〇石から六万五〇〇〇石の譜代大名である。それぞれ遠江横須賀藩・三河吉田藩・信濃松本藩・摂津《せっつ》尼崎藩・三河岡崎藩という徳川家にとって格別に由緒ある城の領主である。この五人に普請奉行を務めていた旗本の永井弥右衛門と城《じょう》半左衛門も差し加えて、江戸市中を昼夜をわかたず非常警戒するよう命じた。そんななか火事場で、こんなことが起きている。

「この二十五日、石川播磨守総長《ふさなが》が西の丸下の邸に火を付けし賊二十人捕えられ、きょう刑に処せらる」（『徳川実紀』明暦三年一月二九日）

石川総長はかつて江戸城を警護する大番頭《おおばんがしら》だったが、近江膳所《ぜぜ》藩七万石を領する父忠総《ただふさ》から一万石を分封されて小大名となっていた。このとき総長は幕府の役職についていなかったのだが、市中の騒擾《そうじょう》を目の当たりにしてがまんがならず、市中に打って出て、二〇人の盗賊を捕らえた。個人プレーであったが、お咎《とが》めはなかった。江戸の治安はこれほど無法状態になっていた。大火の一カ月後には幕府の対応も落ち着いてきて、市中に次のような高札《こうさつ》が立った。

「府内火災の後、火賊徘徊《はいかい》して、或いは物を盗み、或いは人を殺すよし聞《きこ》ゆるにより、この日、各所に高札を建てらる。その文は、人家に火を放つ輩あらば訴え出るべし。たとえ党与（仲間）たりとも、その罪をゆるし、褒金三十枚下したまわり、後日怨《えん》を結ぶものなからんよう令せらるべしとなり」

（『徳川実紀』明暦三年二月二〇日）

江戸市中の治安・警備は町奉行所だけでは対応できなかったので、先手頭と持頭《もちのかしら》の配下の弓組・筒組の与力・同心が動員されて町の要所に配置され、不審な者の通行・立ち入りを検問した。従わない者は捕らえ、抵抗する者は斬り殺した。この先手頭・持頭がのちに火附盗賊改となるのである。町奉行所とは別個に非常事態・凶悪犯罪に対応する役所が早急に必要なことが明白となった。

幕府が「盗賊改」を新設するのはこの八年後、寛文五年である。

第二章　最初の火附盗賊改

武勇の系譜

「盗賊改」を命じられた猛者《もさ》

「明暦の大火」(明暦三/一六五七年)は、江戸の町が火事と、そのさなかに跳梁跋扈《ちょうりょうばっこ》する盗賊にまったく無防備であることを露呈した。幕府は火事に対しては翌万治元年(一六五八)、四代家綱のとき旗本四人(のち一〇人)に火消役を命じて「定火消《じょうびけし》」を設けた。「町火消」が組織されるのはさらに六〇年後、八代吉宗のときまで待たなければならない。

一方、強盗・放火といった凶悪犯罪に対しては、すでにある南北の町奉行所だけでは手に負えないことが明らかとなり、寛文五年(一六六五)、「盗賊改」が新設された。こちらも「盗賊改」と、のちの「火附改」「博奕改」の三者が合体して「火附盗賊改」となるのは、吉宗のときである。それまでは個々に盗賊改・火附改・博奕改として話を進める。

最初の盗賊改は、寛文五年から同一三年までの九年間に左の五人が命じられた。それぞれが命じられた役名は当初、一人ずつ異なっていた。

水野《みずの》小左衛門《しようざえもん》守正《もりまさ》	関東強盗追捕	寛文五年一一月一日〜
岡野内蔵允《くらのじよう》成明《なりあきら》	関東国々盗賊考察	寛文七年一一月九日〜
大嶋雲八《うんぱち》義近《よしちか》	村里盗賊考察	寛文九年五月一五日〜
筧《かけい》新兵衛正明《まさあきら》	盗賊考察	寛文一〇年一〇月七日〜
久永《ひさなが》源兵衛重行	盗賊考察	延宝元年一一月一日〜

役名がそれぞれ違っていたのは幕府の役職を任命されたのではなく、「盗賊の捕縛」という役目を下命されたからで、筧新兵衛・久永源兵衛以後は「盗賊考察」あるいは「捕盗のこと」と命じられた。任命の年月日は右のとおりで、後代の「火附盗賊改」と同様に一年半から二年ほどの勤めで後任にバトンタッチしたのだろう。五人の盗賊改のうち大嶋雲八だけは「寄合」（無役の五〇〇〇石の旗本）で、ほかの四人は「先手頭」からの兼務（加役）であった。

彼ら最初の盗賊改はいずれも武功の家系ゆえに抜擢《ばつてき》された面々であるが、その家祖はどういう男たちであったか。そこに火附盗賊改の原像を見ることができる。

合戦場のヒーロー

水野小左衛門は五〇〇〇石の旗本であるが、由緒は格別のエリートである。曽祖父《そうそふ》は織田信秀

（信長の父）や松平広忠（家康の父）と渡り合った尾張《おわり》・緒川《おがわ》城主（のちに三河・刈谷《かりや》城主）水野忠政で、その四男だったのが祖父忠守《ただもり》であり、その兄は信元、妹は家康の生母於大《おだい》の方《かた》（伝通院）である。

織田信長の麾下《きか》にあった信元は、桶狭間《おけはざま》の戦いで今川軍の先鋒として大高《おおだか》城に攻め込んだ家康にいち早く今川義元の敗死を伝え、今川軍から離脱させて岡崎城へ帰還させた。その後、清《きよ》洲《す》城で信長と家康が同盟を結んだとき、二人の血判の保証人として署名したのも信元である。

小左衛門の祖父忠守は信元の弟で、兄とともに信長に仕え、緒川城主であった。その後、信長の麾下をはなれて家康に仕え、父守重をへて、小左衛門守正にいたった。水野氏は家康の生母の家筋であり、家康とは従兄弟《いとこ》という家系なので、忠政の嫡流は三河・刈谷藩三万石、大和《やまと》・郡山藩六万石、備後《びんご》・福山藩一〇万石と継承をかさね、分流には大名五系と旗本約一〇系があった。

水野小左衛門は将軍秀忠の小姓組から書院番へ進み、万治三年九月、先手《さきて》弓頭《ゆみがしら》に抜擢された。禄高五〇〇石。戦時ならば武勇抜群で、組下の与力・同心をひきいて敵陣に真っ先に突進する斬り込み隊長であった。しかし戦乱は遥かとなり、小左衛門は江戸城の諸門の警備や、将軍が増上寺や寛永寺へ参詣するのを警護した。

【水野小左衛門守正略系図】

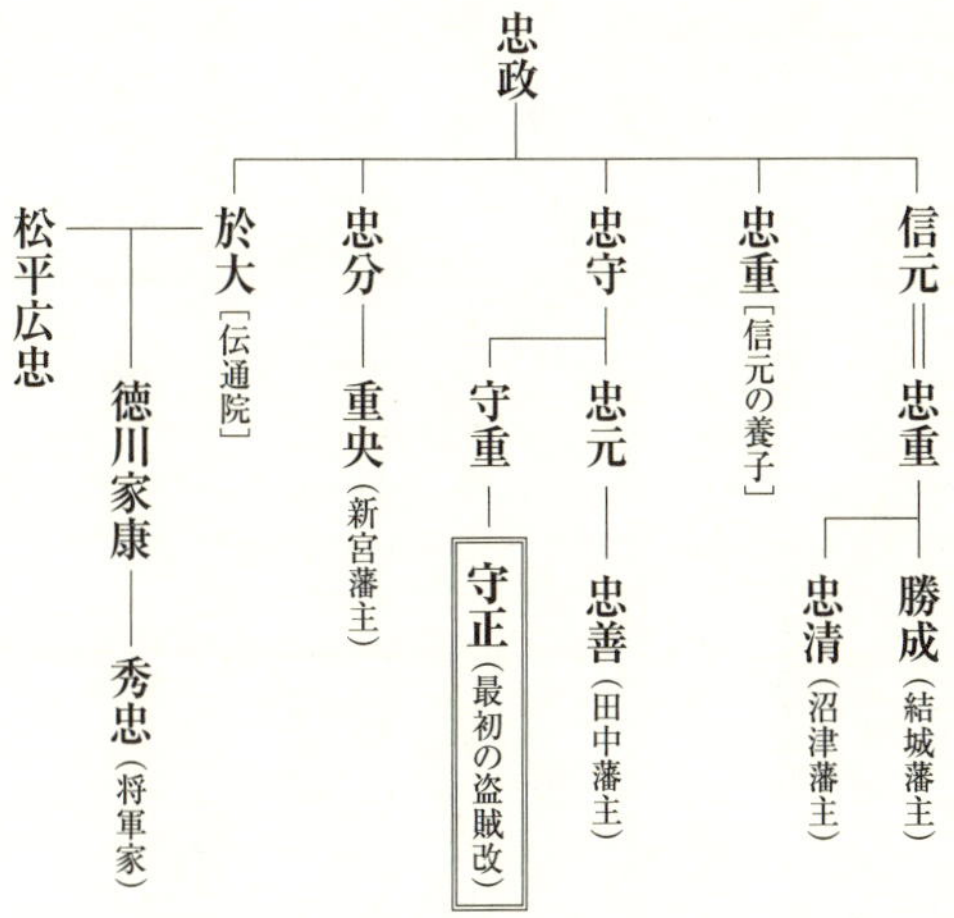

寛文五年一一月一日、小左衛門は二五歳の若将軍家綱からじきじきに関東の盗賊追捕を命じられた。江戸市中にも盗賊の横行は頻発していて、町奉行所が躍起になっていた。それとはまったく別に江戸を遠く離れた常陸《ひたち》（茨城県）での盗賊取り締まりを命じられ、この点から盗賊改は町奉行とはまったく別に独自に関東の在方（農村）の盗賊追捕をおもな役目として始まったのがわかる。

のちには火附盗賊改は町奉行の職務を補完し、従属するように考えられたが、成立時の状況をみると、先手頭の小左衛門配下の与力・同心は町奉行所の与力・同心とは違って、賊徒を見つけしだい殺すのが役目である。捕らえて生かしておくことはない。

メンツをかけた「蛍《ほたる》大名」

寛文五年一〇月、幕府は常陸の下館《しもだて》（筑西市）あたりに盗賊・野盗が群居しているとの訴えをうけ、下館藩主増山正弥《ましやままさみつ》に鎮圧を命じた。盗賊集団は野武士や主家を召し放たれた浪人・足軽・元百姓などで、それぞれ手に入れた刀・槍・鉄砲で武装していた。

幕府は二万石の下館藩だけでは心もとないとみて、下野《しもつけ》・烏山《からすやま》藩二万石の堀親昌《ちかまさ》に助勢を命じ、さらに下館近くに知行地をもつ交代寄合（大身の旗本）二人にも助勢するよう伝達した。これらを見届ける監察役として、江戸から盗賊改の水野小左衛門を向かわせた。これほど藩外からの大動員となったことに、下館藩主増山正弥はいきどおり、藩のメンツにかけても独力で盗賊・野盗集団を殲滅《せんめつ》してみせようとした。これには増山氏に深い理由があった。

じつは増山家は武門ではない。将軍家光が三〇歳をすぎても男色一辺倒であったのを、春日局《かすがのつぼね》が何とか改めようと見つけ出した娘から生まれた大名家である。家光は男色からの宗旨替えがかない、初めて男子が生まれた。次の将軍となる家綱で、生母はお楽の方（宝樹院）。お楽の父親は下野国都賀《つが》郡の百姓の出で、禁鳥の鶴を密猟・売買した科《とが》で死罪になっていた。

母とお楽は変転をかさね、ふつうなら大奥へあがれる身分ではなかったが、家光の好みを熟知していた春日局が浅草観音に参詣の折、乗物の中から見かけて大奥へ引き入れたのである。

お楽の方がお腹様《はらさま》（次期将軍生母）となると、ただちに実弟が召し出され、名を増山弾正《だんじょうの》忠《じょう》正利と改めて三河・西尾藩二万石が与えられた。二代目の増山正弥はお楽の方の腹違いの弟の長男で正利の養子となり、二年前に常陸・下館藩へ転封となっていた。増山氏は戦場での武功ではなく、将軍の妻妾《さいしょう》の功（尻の光）によって抜擢された、いわゆる「蛍大名」である。

そうした背景があったので、増山正弥は何としても下館藩一藩で盗賊集団の討滅をはたしたかった。家の成り立ちからも、増山家には譜代の家臣はいない。しかし将軍家に近いので、有能な家臣や武力にたけた武士を付属させられていただろうし、金も潤沢で世にあぶれていた新鮮な浪人を数多く雇ったはずである。烏合《うごう》の盗賊集団はひとたまりもなく撃ち破られた。

水野小左衛門は配下の与力・同心を戦わせるまでもなく、一帯を鎮定して役目をはたした。この後、延宝二年（一六七四）まで一〇年間、江戸・関東各地の盗賊追捕に巡行し、最初の「盗賊改」を務めたが、幕府の職制として当時もその後も認知されなかったので、当の水野家が幕府に提出した「家譜」の小左衛門の履歴にさえ、「先手弓頭」の記録はあっても、「盗賊改（関東強盗追捕）」を務めたことを書き出していない。

のちには火附盗賊改は番方トップのエリート職となるが、それでも独立の役職とはならず、先手頭・持頭の「加役」という日陰の役回りを負いつづける。

秀吉・家康が見込んだ士魂

盗賊改は、享保《きようほう》元年（一七一六）以前には数多い旗本のなかでも先手頭（先手弓頭・先手筒頭）か持頭（持弓頭・持筒頭）から抜擢された。しかし享保となってからは先手頭からだけ選任される。彼らはなぜ抜擢されたのか。たとえば水野小左衛門は徳川氏と血族だったからではなく、武功のめざましい家柄であったからである。この点で典型的なのは小左衛門の次に盗賊改になった岡野内蔵允成明である。

岡野氏は小田原北条氏の家臣で、成明の祖父融成《とおなり》は北条氏政・氏直に仕え、板部岡江雪斎《いたべおかこうせつさい》と名乗った。氏直が徳川家康の娘・督姫《とくひめ》と結婚するさいには、融成が駿府《すんぷ》・浜松へ往来して家康との話をととのえた。また豊臣秀吉と北条氏とのやりとりは、それぞれ家康と融成を仲介者に立てて折衝していた。

秀吉は天正一七年（一五八九）、氏直に再三上洛《じようらく》を要求し、使者の融成は大坂城で秀吉と家康を前に氏直が必ず和談のため参向すると約束していた。ところが氏直は上洛せずに小田原城で戦備をととのえて、秀吉を迎え撃つ態勢を固めていたのである。

翌年に小田原落城ののち、秀吉は引き出されてきた融成と対面すると、「昨年の和談の話は、そのほうが勝手に仕組《くみ》んだことか！」と詰問した。「主君に二心あるとき、家臣たるものが殿に従わずして敵に与することはあり得ませぬ。願わくば、この場でわが首を刎《は》ねられよ」と応えた。秀吉は融成を京の三条河原で磔《はりつけ》にするつもりだったのだが機先を制された。融成は死をまぬがれただけでなく、秀吉の家臣に加えられて苗字を岡野に改めた。

負け戦で魅せる戦い方

この融成の武魂を受け継いだのが、成明の父房恒である。岩槻《いわつき》城主北条氏房に仕え、豊臣・徳川連合軍が小田原へ進攻してくると、岡野房恒ら城将は小田原城に籠城した氏房に代わって岩槻城で連合軍二万を迎え撃った。しかし城兵はわずか一五〇〇。すでに北条方の支城四〇余は戦わずして降伏・開城しており、このとき徹底抗戦していたのは岩槻城のほかは鉢形《はちがた》城・八王子城・韮山《にらやま》城・忍《おし》城など数カ城だった。

房恒のまもる岩槻城新曲輪《しんくるわ》には鳥居元忠・平岩親吉《ちかよし》両軍が突撃し、大手口には浅野長政・本多忠勝両軍が攻めかかった。房恒は郎従六人で平岩軍数十人と槍・刀で乱戦し、平岩親吉の弟を討ったが、双方に討死《うちじに》が出た。房恒は槍で脚を突かれたがなおも奮戦し、ついに立ち上がれなくなった。郎従は房恒をかついで後退し一命をとりとめた。

岩槻城は水路に取り巻かれていて攻めるにむずかしく、寄手《よせて》も数多く討死していったん引き下がったので外曲輪の城門をとざした。このとき平岩軍の武将が城に向かって、

「こんにち赤白筋違いの折りかけの武者と槍を合わせたが、その者の名は何といわれるか」

と呼ばわった。これによって岡野房恒の武名は攻城軍に広く知られた。房恒は槍傷を負ったが、命にはかかわらなかった。北条氏滅亡の翌天正一九年、房恒は聚楽第《じゅらくてい》で秀吉と家康に拝謁した。

秀吉は「融成の倅《せがれ》か」と喜び、家康が五〇〇石（のち一五〇〇石）で召し抱えた。ずっと後のことだが、将軍になった家光は城中に房恒を呼びよせては岩槻城の戦いの話をさせた。

ところで房恒の子の岡野成明であるが、明暦元年先手筒頭になり、寛文七年一一月、水野小左衛門に代わって盗賊改についた。このころ常陸・下野・上総などの関東各地に野盗・草賊の蠢動《しゅんどう》がたえず、岡野は捕殺に転戦した。『徳川実紀』には翌年末に「岡野内蔵允成明金三枚、時服三、羽織。所属与力六人銀五枚ずつ。同心三十人金一両ずつ下さる」とある。詳細は書かれていないが、与力と同心三六人にまで褒美が与えられているのは、よほどの戦闘が展開されたのだろう。しかし盗賊は尽きることなく、ますます手ごわくなっていく。

不器用・武骨な武士たち

盗賊改はみな武功の家から選ばれている。大嶋雲八も筧新兵衛も同じである。雲八の祖父光政は賤ヶ岳《しずがたけ》の戦い・朝鮮の役・関ヶ原の戦い・大坂の陣と歴戦の武将であり、新兵衛の祖父元成も長久手《ながくて》の戦い・大坂の陣で高名を挙げている。しかし『寛政重修諸家譜《かんせいちょうしゅうしょかふ》』によれば、元成は大坂から凱旋《がいせん》後に理由は不明だが閉門となり、のちに許された。じつは孫の筧新兵衛も祖父と同じように不遇な晩年を送っている。

筧新兵衛は盗賊改の間、ほかの者とくらべても数多く盗賊追捕の功があった。「時服三、羽織、金三枚」の褒美を将軍家綱から何度も賜わっている。配下の与力・同心にも「盗賊追捕の賞賜あり」とあるから、盗賊・野盗の類を数多く捕殺したのである。新兵衛はこの後も勤めに功があり、五〇〇石の加増をうけて一五〇〇石にまでなる。

しかし将軍綱吉のとき任務に応じないことがあって無役に落とされ、出仕を止められた。一年後に許しが出たが、なおも綱吉への拝謁をはばかり、さらに一年後に再度の許しがあってのちも、綱吉に御目見《おめみえ》することなく、一年後に七五歳で亡くなる。その二カ月後に嫡男に家督継承が許されて、絶家はまぬがれた。筧家は家康から家治まで一〇代の将軍に仕えたが、一代おきに四人の家長が出仕を止められている。役人として器用に立ちまわることのできない、意地に徹する武骨な家柄だったようである。

戦歴は受け継がれる

寛新兵衛に代わって久永源兵衛重行が延宝元年一一月、「盗賊考察」の命をうけた。慶長一六年（一六一一）に家康が初めて北関東に群居する盗賊・草賊を討滅するのに三人の足軽大将を遠征させたとき（二〇ページ）、服部中保正・細井金兵衛勝久とともに久永源兵衛重勝がおり、じつはこの重勝の孫が重行である。祖父と孫の間には約六〇年の時間が流れている。

その六〇年間を直截《ちよくせつ》に理解するには、源兵衛重勝が従軍した家康の戦いを列記すればよいだろう。一九歳で出陣した三方ヶ原《みかたがはら》の戦い（一五七二年）以後、長篠《ながしの》の戦い（一五七五年）、長久手の戦い（一五八四年）、小田原遠征（一五九〇年）、関ヶ原の戦い（一六〇〇年）、大坂冬の陣・夏の陣（一六一四〜一五年）と、家康の覇権が樹立されるまでの全期にわたっている。そして孫の久永源兵衛重行にいたって戦国は遥か遠くなり、各地に群居する草賊・野盗の群れは討滅されたが、逆に江戸市中では物騒な者たちがうごめいていた。

火附改中山勘解由《かげゆ》

「鬼勘解由」の原点

放火犯を取り締まる「火附改」が「盗賊改」に加えて置かれたのは、盗賊改から一八年後、明暦の大火からは二六年もすぎた天和《てんな》三年（一六八三）一月である。このころ江戸では押込強盗の前後に放火する凶悪な犯行が頻発した。町奉行所と盗賊改が取り締まったが、犯行に追いつけない状態で、ついに放火を取り締まる専任の役職を設けることになった。

最初の「火附改」には三〇〇〇石の旗本、先手筒頭の中山勘解由直守が命じられた。綱吉が五代将軍になって二年後である。中山勘解由によって火附改、さらに後代の火附盗賊改の「役柄」が定まったといえる。これによって江戸の治安警備体制は南北の町奉行、盗賊改、それに火附改の四人になった。本来ならば相互に連携し合って江戸の平安を実現するところなのだが、中山勘解由は独り突出して取り締まりを行ない、江戸庶民だけでなく武士にも恐れられた。

ところで中山勘解由の相役《あいやく》になった盗賊改には、二カ月前に岡野成明の息子岡野平兵衛房勝が命じられていた。岡野家と中山家は奇《く》しき縁があり、ともに祖父は北条氏の支城を守った城将で、秀吉軍に敗れたときの殉じ方の潔さにより、息子たちは一命を救われ、家康に召し抱えられた点で共通する。

父祖の壮烈な死

中山氏は平安時代以来の同族武士団・武蔵七党《むさししちとう》の丹《たん》党に属し、武蔵国高麗《こま》郡加治《かじ》郷（埼玉県飯能《はんのう》市）に住んで初め加治氏、のちに加治郷中山村に移って中山氏を名乗った。中山勘解由直守の曽祖父家範《いえのり》は八王子城主北条氏照に仕えたが、天正一八年、秀吉の小田原攻めのとき氏照が本城の小田原城に入城したのちは、一族郎党をひきいて八王子城に入り、城将として城代横地監物《けんもつ》や城将狩野一庵《かのういちあん》らとともに籠城して抗戦した。

攻城軍は六月二三日早朝、前田利家・上杉景勝・真田昌幸の精鋭一万五〇〇〇で堅固な巨城を攻め登った。城方は約四〇〇〇だが、半ばは領内の老百姓・女・子供だった。北条方の敗勢は目に見えていた。家範は初めは中の丸で前田勢と奮闘した。やがて城代の横地監物が再起を期して城を脱出（すぐに討死）したので、家範は本丸へ移り、なおも残兵を励まして力戦した。

攻城勢の総大将前田利家は家範の勇猛な戦いぶりに感服し、使者を送って助命を約束して開城をうながした。家範は一顧もせず、なおも本丸で死守して戦いつづけたが、もはや落城は必至となるや、ともに戦っていた三男尾張と四男悪蔵《あくぞう》、さらに妻を膝前に呼びつけると首を刎ね、自らも腹を切った。八王子城は六月二三日に陥落した。前田利家は家範の首を小田原城を包囲する秀吉の陣中に丁重に届けた。

秀吉は首を几上《きじょう》に置いてながめ、「中山勘解由左衛門」と書いた木札を耳朶《じだ》に付けて小田原城中に送った。なおも評定をつづけていた小田原城が開城したのは七月五日。北条氏政・氏照ら四人が腹を切り、ここに五代一〇〇年にわたって関東を支配した戦国北条氏は滅びた。

ところで秀吉は中山家範の戦いぶりとその殉じ様にひどく感じ入った。家康も家範の血統を惜しんだ。家康は小田原に籠城していて父の斬《ざん》をまぬがれた家範の長男と次男がいることを知ると、秀吉に先んじて高麗郡加治郷に籠居《ろうきょ》しているのを見つけ出して召し抱えた。

長男照守《てるもり》は家康の三男秀忠に付属させて三〇〇石（のちに三五〇〇石）が与えられ、代々「勘解由」を名乗って、孫の「鬼勘解由」直守にいたる。なお、直守は弟の直張《なおはる》に五〇〇石を分与し、その直張の三男直邦は黒田家の養子となり、吉宗政権の老中となる黒田直邦である。

一方、家範の次男信吉は家康の一一男頼房《よりふさ》に付けられて御三家水戸藩の付家老《つけがろう》となり、五〇〇〇石（のちに六五〇〇石）を与えられた。そして信吉の次男信久（吉勝）は二一〇〇石の旗本となり、甥《おい》である中山勘解由直守が火附改に就く二カ月前まで盗賊改を務めてのち、勘定頭

（勘定奉行）に転じた。中山家範から嫡男照守の本家のほか七家の分流が生まれ、幕府の枢要な役職で活躍したのである。

誤認逮捕と拷問

中山勘解由が火附改を命じられる一カ月前、天和二年末から翌年正月にかけての江戸の世情を、歌学者戸田茂睡《もすい》が記録している。茂睡は綱吉の政治に批判的であったので、他見されることを恐れ、注意をはらって詳細な日記をつづっていた。

「去年霜月（天和二年一一月）二十八日・極月《ごくげつ》（一二月）二十八日、両日の大火事より正月に至り二月まで毎日の火事、昼夜に五、六度、八、九度のときもあり、これみな付け火なり」（『御当代記』）

付け火は盗賊によるものが多く、混乱のさなかに押込強盗を働いた。綱吉は江戸の各町に火《ひ》の見櫓《みやぐら》を建てて、いち早く火事と放火犯を発見するよう命じた。それと同時に年明け早々の一月二三日、火附改を新設して先手筒頭の中山勘解由を任命したのである。

中山勘解由は仏心の篤《あつ》い男であったが、火附改を命じられると、二人の息子を前に、「今日からは慈悲では治まらぬ！」と、父祖代々の位牌《いはい》をまつる仏壇を叩きこわしたという。そして配下の与力・同心・目明《めあかし》ら総勢五〇人余りをさまざまに変装させ、江戸市中に潜行させた。その様子は、

「中山組の与力・同心は火事場で不審な者を捕らえるだけでなく、江戸中で怪しい者とみれば捕まえ、誤認逮捕がおびただしい。そして尋問（拷問）がきびしく死ぬまで責めるゆえ、火付をしていない者も苦痛を逃れるため火付したと言い、科人《とがにん》でないのに処刑される者が数多いということである」（『同前』）

勘解由の詮議には犯罪人をむりやりつくり出すところがあった。しかも見込み逮捕や誤認逮捕と拷問によるデッチアゲが多く、人々は中山勘解由を「鬼勘解由」「鬼勘」と呼んで恐れた。中山組の与力・同心は怪しいとみるや、町人・無宿者にかぎらず武士も捕らえて詮議した。

ふつうならば管轄違いで役所間の縄張り争いになるのだが、勘解由に対しては町奉行も勘定奉行も目付《めつけ》も恐れて異議を唱える度胸はなかった。このため町奉行・勘定奉行らの火附改に対

する反感が鬱積《うっせき》していって、中山が退任後には火附改に対する町奉行らの逆襲があって、火附改は一時廃止されるのだが、それはのちの話である。

八百屋お七

八百屋お七が焼け出されたのは天和二年一二月二八日の火事で、勘解由が火附改を命じられる一カ月前。そしてお七がみずから小火《ぼや》をおこして捕まったのは二カ月後の翌年三月二日で、勘解由は火附改になったばかり。鬼と化して放火犯を追っていたさなかである。

『徳川実紀』にはこの日、勘解由が「放火の賊あまた捕らえしをもって金五枚給う」とあり、逮捕者のなかにはお七もいたのだろう。幕府の公式記録には「八百屋お七」の名はどこにもないが、戸田茂睡は『御当代記』に「駒込のお七付け火の事、この三月の事にて二〇日時分より晒《さら》されしなり」と書き加えている。

江戸前期の判例記録集である『御仕置《おしおき》裁許帳』には、お七の恋を仲立ちした遊び人の喜三郎（吉三郎）が三月二九日に火罪《かざい》（火あぶり）になった判決記録があり、お七の記録はないものの、同じころ火罪になったのであろう。

「海老責《えびぜめ》」を独創

天和三年、中山勘解由は鶉 権兵衛《うずらごんべえ》一味を捕縛した。延宝期（一六七三〜八一）以来、江戸市中を荒らしまわっていた盗賊集団は一〇組ほどあったが、鶉権兵衛は勘解由がとりわけ必死で追っていた盗賊だった。ほかの強盗は盗んだあとで証拠隠滅や逃走確保のために放火したが、権兵衛は盗みに入る前に押込先とは別の場所に放火して陽動策をとって押込強盗におよんだ。これまで何度も裏をかかれていた勘解由が、ついに権兵衛をお縄にしたのである。

勘解由は取り調べでは拷問をためらわず、結審の早いことで知られた。放火を白状すれば早々に火罪を執行する。このため冤罪《えんざい》の者が多かったのだが、江戸前期には放火・殺人・盗みの三大罪はただちに死刑執行ということが多かった。しかし勘解由は鶉権兵衛に対しては、これまでの犯行や仲間の居所を聞き出すためにじっくりと責めた。それに加えて自身の考案した「海老責」の有効性を確かめる絶好の機会という考えもあっただろう。

拷問はのちに将軍吉宗のとき、寛保《かんぽう》二年（一七四二）に『御定 書百箇条《おさだめがき》』（『公事方《くじかた》御定書』の下巻）が制定されると、きびしい制限がもうけられ、「牢問《ろうどい》」といわれる①笞打《むちうち》、②石抱《いしだき》、③海老責と、正真正銘の「拷問」である④釣 責《つるしぜめ》の四種に限定される。しかも①から③までは町奉行の許可が、④の釣責は老中の許可がなければできない。ただし、それは町奉行所の取り調

海老責　「笞打」「石抱」でも自白しない容疑者に行なう拷問で、中山勘解由が独創した（『徳川幕府刑事図譜』明治大学博物館所蔵）

べの場合であって、凶悪犯を相手にする火附盗賊改は独自の判断で拷問するのを許される。ましてや『御定書』以前の中山勘解由にとっては、なんらの制約がなかった。
犯罪者の自白を得るために苦痛を与える拷問は奈良時代からさまざま行なわれてきたが、多様に発展したのは戦国時代である。大まかにいえば「水責め」「氷責め」「雪責め」「火責め」があり、それぞれにいろいろに変形が考え出された。多くの拷問法は長い時間をかけてできあがり、だれが考え出したかわからないのだが、考案者の名が明らかな拷問は三つある。最初の江戸の町奉行米津《よねきつ》勘兵衛田政《みちまさ》は「糞責《くそぜ》め」を考え出している。むりやり糞を食わせて自白に追い込む。ある意味、「犯人憎し」から直情的に思いつく拷問といえる。
一方、「駿河問《するがどい》」は駿府町奉行だった彦坂九兵衛光正が考案した、極限まで肉体に苦痛を与える拷問だった。両手首・両足首を背後へまわして腰のあたりで一つに縛り、体を水平にしたうえで背中に重石《おもし》をのせて吊り下げ、縄に縒《よ》りをかけて全身をコマのようにぐるぐる回転させる。糞尿は垂れ流しになり、目・耳・頭が変調して耐えきれない。この拷問は自白しないまま死ぬことが多いので行なわれなくなった。

その点、中山勘解由が考案した「海老責」は自白に追い込むのに有効な拷問法として、のちの『御定書百箇条』にも笞打・石抱・釣責とともに採用された。

大盗鶉権兵衛

「海老責」は人体の骨格や関節・筋肉について理解がないと不可能な拷問法である。中山勘解由は鶉権兵衛を捕まえたとき、すでに頭の中では海老責を完成させていたが、ようやく権兵衛の屈強な身体を得て確かめることができた。

筋骨のたくましい権兵衛は上半身を裸にされると、二人がかりで両腕を背中にまわされ縛りあげられた。あぐらをかかされて両足首を一つに結《ゆ》わかれ、上体を思いきり前に折り曲げられて両肩に縛りつけられる。顎が足首をなめるほどに縄を絞りあげる。この姿形から「海老責」といわれる。

責め苦はこの状態のまま放置することからはじまる。やがて鬱血《うつけつ》して、全身が赤紫になる。苦悶《くもん》してうなっている権兵衛はなおも放っておかれ、やがて体は暗紫色から蒼白色《そうはくしょく》へと変わる。『御定書』が制定されて以後は牢医師が付き添ったので、ドクターストップがかかったが、勘解由のときは制限なしである。権兵衛は苦痛に耐えかねて前科を白状した。唯一残っている、中山勘解由の名のある判決文は次のとおりである。

「　鶉　　権兵衛
亀之助　猿之助
小性廻シ　何右衛門
市　六　長兵衛
是八去年極月二十八日、当正月、谷中火事の節、所々へ火付け候由、中山勘解由にて穿鑿《せんさく》の所、白状の上相極《あいきま》り、勘解由方より、今日町中引廻し、これを晒し、籠舎《ろうしゃ》、右の者共、同亥（天和三年）十月十二日、品川において火罪」
（『御仕置裁許帳』）

この同じ日、中山勘解由は小塚《こづかっぱら》原でも浅草寺経堂に放火した男二人を火あぶりにしている。江戸への玄関口である東西の刑場で火あぶりを執行し、火付・盗賊だけでなく、江戸の庶民や街道を行き来する旅人の目にふれさせた。これは先述した「見懲《みご》らし」であり、幕府は火罪・

磔・獄門、また晒し・引廻しなどの刑罰の執行を広く見せることで、犯罪を抑止しようとした（『榎本弥左衛門覚書』）。

幕府のもう一つの厄介者

ところで中山勘解由が立ち向かった相手には盗賊・放火犯とはまったく異なる、もう一つの無法の群れがあった。「かぶき者」と呼ばれる連中である。家康は初政のときからきびしく取り締まったが、制圧できずにますます蔓延《まんえん》していった暴漢たちだった。

「かぶき者」は慶長期の京都で流行《はや》り、そのなかには歴戦の武将で藩主に取り立てられていた津田長門守信成《ながとのかみのぶなり》（山城・御牧《みまき》藩）や稲葉甲斐守通重《かいのかみみちしげ》（美濃《みの》・清水《きよみず》藩）などもいた。二人は祇園《ぎおん》の茶屋で女たちに乱暴狼藉《ろうぜき》を働いたとして、家康は御家廃絶にした。しかし、その後もかぶき者の勢いはいっこうに衰えなかった。

彼らは総髪や長髪で大ひげをはやし、ビロードの襟のある派手な色合いの着物を着て、長太刀か大脇差という異様な風体で往来を闊歩《かっぽ》した。多くは徒党を組んでいて、相手かまわず狼藉・喧嘩《けんか》をふっかけて金を脅し取り、また女にたわむれかかった。

かぶき者の風俗はすぐに江戸にも広まり、上は旗本から下は武家奉公の小者にまでおよんだ。

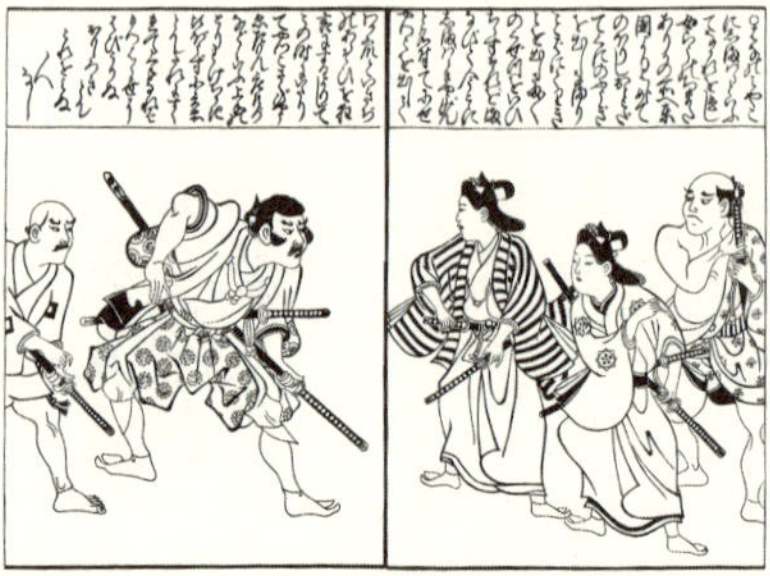

かぶき者　いさかいの種を求めて往来を闊歩し、今しも若衆に言い掛かりをつけている（菱川師宣『浮世続絵尽』）

先の米津勘兵衛田政が「糞責め」の拷問にかけたのは、かぶき者の「旗本奴《やっこ》」山中源左衛門であり、彦坂九兵衛光正が「駿河問」にしたのも、かぶき者の首領大鳥一平（大鳥居逸兵衛）といわれる。山中は切腹、大鳥は磔になった。

しかし「盗人の種は尽きぬ」と同じで、かぶき者もいっこうに減衰することなく、逆に増殖して町人にまで広がり、「町奴」とか「男伊達《おとこだて》」と呼ばれる新種のかぶき者を生んだ。彼らは初めは旗本奴に対抗して「弱きを扶《たす》け強きをくじく」と唱えて町人の味方を気取ったが、定職がなく博奕と喧嘩に明け暮れて、ついには町人に難儀をかける者が多かった。

幕府は町奴に対しては無法を許さず、承応《じょうおう》三年（一六五四）一一月、主だった者三四人を捕らえて処刑した。夢野市郎兵衛・てれつく喜兵衛・消炭《けしずみ》五兵衛・釘抜《くぎぬき》権左衛門といった異名で顔を売っていた連中で、江戸市中の厄介者である。この町奴の一網打尽について、三田村鳶魚《えんぎょ》は中山勘解由の活躍としているが、勘解由はまだ二二歳で小姓組番士であり、役目がまったくちがう。このときの町奴検挙は南北の町奉行だった神尾元勝《かんお》か石谷貞清《いしがいさだきよ》、あるいは二人が共闘したのであろう。中山勘解由がかぶき者を一斉検挙したのは、この三二年後である。

「かぶき者」の一掃

貞享《じょうきょう》三年（一六八六）、中山勘解由は火附改に就いて四年目に入っていた。綱吉の初政は「天和の治《ち》」と呼ばれる文治政治で、町奉行には北条氏平《うじひら》と甲斐庄正親《かいのしょうまさちか》という穏健な名奉行が勤め、相役の盗賊改も能吏の山岡十兵衛であった。江戸の火付・盗賊、さらに無法者（かぶき者）の取り締まりは中山勘解由がおのずと一手に引き受ける形になった。

これまで旗本奴は鶺鴒《せきれい》組・吉屋《よしや》組・山手《やまのて》組・大小神祇《じんぎ》組などの徒党を組み、町奴（男伊達）も唐犬《とうけん》組・笊籬《ざる》組を組織して対抗していた。勘解由の使っていた手下には、やきもち九兵衛・なんぴん四郎右衛門といった異名もちの者がおり、江戸のあぶれ者たちの動静をぬかりなくつかんでいた。貞享三年九月、奴連中の一斉検挙を断行した。

「このころ大小神祇組と号し、党を結び遊侠《ゆうきょう》を名とし、睚眦《がいさい》の讐《しゅう》を報じ、府下を横行するものあり。無頼の少年これを習い、すこぶる政教を害するにいたれば、二百余人を追捕して、魁首《かいしゅ》十一人、市に斬らしむ」

（『徳川実紀』貞享三年九月二七日）

大小神祇組は町奴の幡随院《ばんずいいん》長兵衛を殺した三〇〇〇石の旗本水野十郎左衛門が首領だった旗本奴の徒党である。水野は二二年前に切腹させられていたが、徒党はまだ残っていたのである。「睚眦の讐を報じ」というから、目が合うと「眼《がん》をつけた」とインネンをつけて金品を脅し取り、町中を肩を怒らせて集団で流していたのである。

勘解由は大小神祇組にかぎらず、旗本奴・町奴をとわず、配下の与力・同心に捕縛を命じ、かたっぱしからしょっ引いた。リーダー格の一一人を斬罪にしたというから、これは旗本奴である。家康のときから一〇〇年近く一掃できなかったかぶき者・旗本奴・町奴の首を、中山勘解由はポンポンと斬って落とした。そして三カ月後に火附改を退任する。

中山勘解由が火附改の役にあったのは、天和三年一月から貞享三年一二月までの四年間である。退任したとき江戸庶民の多くが、中山は誤認逮捕と苛酷《かこく》な拷問のせいで罷免《ひめん》されたのだと思った。しかし、このあと旗本の最高職である大目付に栄進し、「従《じゅ》五位下・丹波守」に叙任されたのである。

これは火付・盗賊犯を捕らえたことよりも、江戸市中で乱暴・狼藉を働いて手のつけられなかった旗本奴や町奴の無頼二百数十人を捕らえて息の根をとめた功績による。加えて綱吉は中山家の菩提寺能仁寺《ぼだいじのうにんじ》（飯能市）の七堂伽藍《がらん》造営など格別の恩賜を与えている。

中山勘解由と同時代の儒者荻生徂徠《おぎゅうそらい》は勘解由を半ば認め、半ば批判している。武威・武力で悪人を恐怖させ鎮圧する勘解由のやり方は、幕府成立当初ならば許されるやり方であるが、このやり方では盗賊を捕らえつくすことはできないという。しかし勘解由の時代にはまだ制定法すらなく、もっぱら「見懲らし」によって犯罪を抑止していた。徂徠の言うような盗賊を捕らえつくす時代はこの後も、またいまに至るまで実現していない。

「島流し」になった盗賊改

貞享三年三月、中山勘解由は火附改から大目付へ、また二カ月後には相役の盗賊改山岡十兵衛が長崎奉行に栄転した。大目付は旗本が就ける最高位の役職である。一方の長崎奉行はオランダ商館や貿易商人ほかからの贈答や役得が多くて「二〇〇〇両の賄賂《わいろ》を使ってでも就任したい」といわれる旗本にとって垂涎《すいぜん》の役職であった。

火附改と盗賊改の二人がそろって旗本として最高の役職に昇進したことは、これまで武官として行き止まりとみられていた先手頭に新しい評価を生んだ。先手頭から抜擢される加役が

「番方」と「役方」の両者を兼ね備えた役職として、また役方のトップである町奉行・勘定奉行・遠国《おんごく》奉行への跳躍台となるポストとして認知される、その最初のケースが中山勘解由と山岡十兵衛にみられたのである。もっとも、将軍綱吉の裁断は時と次第によって栄進どころか、逆に失脚のケースになることもある。

山岡十兵衛の後任として盗賊改になった中根主税正和《ちからまさやす》は元禄二年（一六八九）一月、吉原の遊女屋主人を博奕の罪状で捕らえ、追放のうえ闕所《けつしょ》（財産没収）の処罰にした。このとき三人の遊女も没収財として入札にかけて三〇〇両で売り、その金を幕府の御蔵に納めた。

中根としてはお手柄と思っていたようだが、聖人君子を自認していた綱吉は「人の売買は天下の大法にそむくもの」と激怒し、中根は死刑を命じられかねなかった。しかし中根氏は家康の祖父松平清康以来の三河譜代の家臣ゆえ、罪一等を減じて遠島になった。火附盗賊改で閉門（自宅謹慎）や解任された者は何人もいるが、八丈島へ島流しになったのは中根主税ただ一人である。綱吉は町奉行も一人、渡辺綱貞を八丈送りにしている。

流人の多くは江戸へもどることはなく、八丈島の土となるが、この一一年後の元禄一三年、綱吉が父家光と兄家綱の大法要を営んだおかげで恩赦が行なわれた。対象者は島に流されて一〇年以上をすごした者（女犯僧《にょぼんそう》・幼女姦《かん》は適用外）から選ばれ、幕臣・庶民などの流人一九四名の御赦免《ごしやめん》がかなった。そのなかには六八歳になっていた中根もいて、江戸に帰還することができた。中根正和は四年後の宝永元年（一七〇四）には、幕臣として小普請《こぶしん》入りを許され、禄米二〇〇俵を与えられ、その二年後に七四歳で死去した。

警察組織の大改造と赤穂《あこう》浪士

この後、綱吉政権で治安・警察体制はめまぐるしく変わる。

幕府は元禄一二年一一月二五日、盗賊改・火附改を一時廃止した。これは中山勘解由を含めて、以後、山岡十兵衛・中根主税といった「荒者《あらもの》」（暴れ者）の改方がつぎつぎ登場し、町奉行・勘定奉行・寺社奉行の管轄領域にまで立ち入って活動することがあって、盗賊改・火附改に対する激しい反目が起き、一時的に廃止へ追い込まれたのである。

しかし江戸と周辺では連日のように放火が頻発し、それに連動する盗賊の跳梁もいっこうにおさまらない。とても町奉行所や勘定奉行所だけでは手に負えなかった。三年のブランクがあって元禄一五年四月には再び盗賊改・火附改が復活した。この両職は徳山《とくのやま》五兵衛重俊（後述の徳山五兵衛秀栄《ひでいえ》の父）が兼務した。またこの五カ月後には「博奕改」が新設され、のちの火附盗賊改に統合される盗賊改・火附改・博奕改の三者がそろう。

それと同時に南北の町奉行所に加えて「中町奉行所」も新設され、三浦岬走水《はしりみず》の船番所と東海道浜名湖畔の新居《あらい》関所から与力・同心が引き抜かれた。水路が縦横に発達した本所・深川あたりに備えた布陣といえる。三改役だけでなく町奉行所も三奉行所となり、いったい何事かと思える治安・警察組織の大改造と大増員である。

つまり、この元禄一五年一二月一五日、赤穂浪士の吉良《きら》邸討ち入りがあるのである。幕府の諜報《ちょうほう》・治安・警備能力をもってすれば、老中柳沢吉保《よしやす》が赤穂浪士の動静を把握するのはむずかしいことではなかったろう。それにもかかわらず浪士たちの討ち入りが成就した。吉保が不覚にも浪士の動きを読みちがえたのではなく、討ち入りの完遂を見守る、ないしは不介入の立場であったとみるほうが自然である。

当初、老中の評議では浪士は夜盗と同様の扱いで「斬罪《ざんざい》」が綱吉に上申されたが、吉保は荻生徂徠の意見を容《い》れて武士らしく「切腹」に改めた。浪士は「罪人」から「忠臣」「義士」となったことで、政情・世情は一時的にもせよ綱吉政治に対して鬱積していた閉塞感が拭われた。

盗賊改は栄進のポスト

ところで先述のように中山勘解由と山岡十兵衛が、それぞれ火附改と盗賊改から大目付と長崎奉行に栄進して、同輩の旗本たちを驚かせたが、さらに赤穂浪士の討ち入り後ではあるが、盗賊改だった坪内源五郎定鑑《さだかね》が南町奉行、次いで中町奉行に就いたのである。番方トップの先手頭が役方トップの町奉行へと直《じか》に進むことがあり得るのを明白にした。

このころの異色な盗賊改に平岩親庸《ちかつね》がいる。平岩氏は家康が幼いときの五人の「竹馬《ちくば》の友」のなかでも最も仲のよかった平岩親吉の家系で、家康が今川義元の人質として駿府にあったときも側近く仕えていた。親吉が嫡子のないまま病死して一二万三〇〇〇石は絶家となったが、のち家康は親吉の弟正広に別家を立てさせ、八〇〇石を与えた。その家系である。

親庸は綱吉のもとで元禄一一年、五五歳という高齢で仙洞《せんとう》付に抜擢された。京都の霊元《れいげん》上皇の仙洞御所につめて、警備から経理などの庶務を担当。一三〇〇石・従五位下・若狭守《わかさのかみ》を叙任した。親庸は武辺一辺倒ではなく、天皇家との折衝の役目をはたせる人物だったのである。この後、宝永二年、六二歳という高齢で持弓頭・盗賊改に就任し、番方旗本のトップになった。

親庸の取り調べはほかの盗賊改とまったく違っていた。捕らえた容疑者に死刑の裁きが予測されるときは、評定所の三奉行（寺社奉行・町奉行・勘定奉行）に罪状を話して相談し、いよいよ死刑と決まった場合はもう一度罪人に何か弁明したいことはないかを確かめた。

こうした念入りな取り調べをする火附盗賊改も、一方にはいたのである。平岩親庸と同様の流儀で取り調べた火附盗賊改には、鬼平の父の長谷川平蔵宣雄《のぶお》（後述）がいる。親庸は盗賊改を三年務めたのち、六五歳で勘定奉行に栄進し、盗賊改から幕閣へと跳躍し、さらに綱吉の没後には新将軍家宣《いえのぶ》のもとで、側用人間部詮房《そばようにんまなべあきふさ》や新井白石らと元禄政治の改革を進めた。

越後の盗賊と江戸の盗賊改

越後の大盗五左衛門

徳川吉宗が将軍位につく半年前、七代将軍家継《いえつぐ》の最末期、正徳《しょうとく》五年（一七一五）一〇月初め、盗賊改船越五郎右衛門景次《ふなこしごろうえもんかげつぐ》の薬研堀《やげんぼり》の屋敷に旅姿の行商人ふうの男二人が駆け込んだ。上野（群馬県）立石村の嘉右衛門と武蔵（埼玉県）妻沼《めぬま》村の七郎右衛門で、越後（新潟県）蒲原《かんばら》郡に五左衛門という大盗が多数の手下をかかえて群居していると報告した。船越は二カ月前に盗賊改に就任したばかりである。

このことから嘉右衛門や七郎右衛門のように小間物や薬などを行商しながら諸国を探索して、時の盗賊改に密告するのを稼ぎにしていた「手先」がいたのがわかる。ちなみに船越五郎右衛門は歴代の火盗改二四八人（延べ）のなかで最も家禄の高い五五七〇石の旗本である。金づるとして申し分ない。二人によると、五左衛門が根城にしているのは蒲原郡の村境の原野だという。

船越はただちにこの両名に案内を命じ、部下の同心松野市兵衛と田沢勘太夫を捕縛に向かわせた。同心にはそれぞれ二名の小者が従った。同月九日、荒れ野に数棟の小屋が立ちならぶ五左衛門の本拠を襲ったが、数十人いた子分たちの姿はすでになく、五左衛門と息子、三人の手下の合わせて五人は抵抗することもなくお縄になった。

松野と田沢は五左衛門ら五人の身柄と押収した刀・弓・槍などを村に預けて、いったん江戸にもどることにした。ところが、それが簡単にはいかなかった。江戸を遠く離れた農村や代官所にさえ、幕府なかんずく盗賊改の威光はまったく届いていなかった。

五左衛門が住んでいたのは安代《やすしろ》村と戸口村の境界地であった。安代村は旗本小浜《おはま》孫三郎の知行地であり、戸口村は新発田《しばた》藩溝口氏の所領である。これらの村はかつて南蒲原郡栄町、いまは新潟県三条市である。蒲原郡は越後のなかでも米作りに最も適していて、元禄以前から新田開発が進んでいたところで、村の境界地に帰属のあいまいな土地があるというのは不思議であるが、ともかく無人の土地だったので、五左衛門ら盗賊団が住みついたということだった。

拒絶された江戸の役人

松野と田沢は五左衛門ら五人を安代村に一時的に預けようとしたところ、安代の名主ら村役人は「五左衛門が住んでいる土地は、安代と戸口の者が分け合って与えたところなので、安代だけで預かるというのは承服できない」と断わられた。それならばと戸口へ行って村役人に預かりをたのむと、「五左衛門が住んでいるところは、もともと戸口ではありません」と、やはり五左衛門らの預かりを拒否された。

幸いにして安代村と戸口村に接して幕府直轄領の茅原《ちはら》村があった。ここならば幕臣の頼みを承服するだろうと同様に申し入れたところ、「安代と戸口の者が預からないのに、茅原の者が預かることはできませぬ」と、らちがあかなかった。このあたりの折衝は同心ではなく、与力であれば硬軟両策を用いて解決したであろう。

松野らは困ったすえに新発田藩に一時預かりを願うか、あるいは出雲崎《いずもざき》にある幕府代官所まで行くか思案した。距離を確かめると、新発田城下までは八、九里（一里は約四キロ）あるが、出雲崎なら六、七里であった。出雲崎は佐渡の金を江戸に運ぶ中継の要地で代官所も大きい。江戸へは北国《ほっこく》街道と三国街道が通じていて八〇里あまり。地の利がよい。

松野と田沢ら盗賊改と五左衛門ら盗賊の一行一四、五人は一二日、押収した弓・槍・刀を背負って出雲崎へ向かい、一三日の夕刻にようやく代官所に着いた。代官亀田三郎兵衛は不在の由で、応対にでた留守役人が言うには、

「盗賊を捕らえたなら、その所に預け置くのが定まりでしょう。それをここまで連れてきて預かってほしいというのは聞いたことがありませぬ」

代官所でも預かりを拒絶された。こうした問題は江戸後期に火附盗賊改と関東取締《とりしまり》出役《しゅつやく》（八州廻り）の「在方廻村《ざいかたかいそん》」で頻繁におきるのだが、江戸中期にも起きていたのである。預かった者の監視や移送・食事などの経費を村が負担させられるので引き受けたくなかったのだが、五左衛門の場合はそれらの負担に加えて、幕府役人には明かせない重大な秘密があった。

江戸を遠くはなれた村では、盗賊改の同心の依頼などは筋違いとして、地方役人も村役人もぜんぜん聞き入れなかった。松野と田沢ら同心一行は盗賊たちを引き連れてあちこち行ったり来たりしたため路用の金がなくなり、捕縛した五左衛門らを放免することにした。二人は江戸にもどると、一部始終を船越五郎右衛門に報告した。

この始末を聞いて船越は驚きあわてた。何といっても一度捕らえた大盗賊を解き放ったという点である。船越は上役に報告するとただちに一一月一日、再び別の部下を捕縛に向かわせた。

こんどは大目付から新発田藩溝口家ほかへ「御達《おたつし》」があり、同二七日、五左衛門ら五人が再度捕らえられ、戸口村の村役人にいったん預けられた。さらにほかの手下もみな逮捕され、新発田藩の役人が道中を警固して江戸に連行してきた。

五左衛門らは船越の屋敷（役宅）に引き立てられて取り調べをうけた。このとき五左衛門は拷問をうけて、「これまでに何度も強盗をはたらき、たくさんの人を殺した」という自白を強要され、やってもいない犯状の口書《くちがき》（供述調書）をとられてしまった。

船越五郎右衛門の役目はここでおわって盗賊改を解任され、最初に越後へ出張った松野・田沢の同心両名は閉門（外出厳禁）を命じられた。

盗賊が生まれる背景

五左衛門のこの後の取り調べは大目付横田重松《しげとし》・勘定奉行伊勢《いせ》貞敕《さだのり》・勘定吟味役杉岡能連《よしつれ》が担当することになった。問題とされたのは五左衛門が住んでいた土地がだれの領分かということで、それを確定するために実地検証をすることになった。

ここにいたって時の家継政権を掌握していた側用人間部詮房は、補佐役の新井白石にこの一件について意見を求めた。白石は調書を読んで、大目付たちの審理が見当はずれであるときびしく批判した。彼は五左衛門一件について『折《お》たく柴《しば》の記』にくわしく記録している。

江戸前期の盗賊改の活動についてだけでなく、盗賊がどのような社会背景で発生するか、当の五左衛門を直接調べて自供させている。これほど具体的でくわしい盗賊の生い立ちが語られている例はほかに見ない。

五左衛門の父親は蒲原郡の幕領茅原村の百姓だったが、五左衛門が七歳のときに死に、母方の祖父に養われた。九歳のとき祖父も死ぬと食べ物を乞うて村々を歩き、一五歳からはあちこちの村の百姓家に召し使われて一四年ほどがすぎた。この間に見附《みつけ》村（見附市）では見込まれて入り婿となり男児を得た。しかし女房との折り合いが悪くて四年後に家を出て再び流浪した。

その後、四谷（五泉市）の観音寺の土地を借りて田畑をつくり、別れた男児を引き取って観音寺にあずけた。また五泉村（五泉市）の娘を迎えて妻にしたが、妻には借金があったため、二人そろって逃亡した。しかし五左衛門は他国をめざすことはなく、蒲原郡の外に出たことがない。現在の三条市を中心に五泉市・見附市におよぶ四〇キロの地域内を転々としたのである。

盗賊に守られる村

五左衛門は四〇歳前まで流浪しながらも百姓に雇われたり、ときには土地を借りて畑を開いて生きてきた。しかしその間の二年間、盗賊の一味に加わっていたことがあった。

じつは安代・戸口の村人が帰属のはっきりしない村境の土地に五左衛門を住まわせたのは、彼が一時期、盗賊であったからだった。五左衛門に住んでもらうことによって、村人は他の盗賊による被害をまぬがれようとしたのである。たとえば寺が夜盗に襲われたことがあったが、五左衛門に告げると、まもなく盗品がもどってきた。

安代・戸口の農民は五左衛門に、いわば「用心棒代」として一戸あたり毎年、米一斗二升と大豆を納めていた。おかげで一二年間、盗賊の被害に遭わずにすんだ。さらに調べると、安代・戸口だけでなく新発田藩領の一三カ村の百姓も、盗賊から守ってもらうために連署し、八年前の宝永四年以来、五左衛門と取り決めを結んでいた。蒲原郡一五カ村の百姓たちは村の治安を代官所や藩役所よりも五左衛門にたよっていたのである。盗賊改の同心が五左衛門の身柄を預けようとして、どの村でも拒絶されたのにはこんなわけがあった。

五左衛門らの一団が住んでいた村境の土地というのも、耕作に適さない荒蕪地《こうぶち》ではなく、米作に適した越後平野の一画だったのではないかと思う。村を盗賊から守るために、百姓が元盗賊を雇うという黒澤明の『七人の侍』に似た話が、江戸時代半ばにも起きていたのである。

新井白石の裁き

新井白石は五左衛門の供述調書を読んで不審な点をただし、尋問することによって真相を語らせた。その結果、白石の意見によって幕閣らの取り調べはしりぞけられることになり、翌正徳六年、五左衛門らは無罪になった。

「むかしから越後・信濃・上野などは盗賊の多い土地なので、十五村の百姓は相談して、五左衛門に村を守ってもらっていた。それをいま、かつて盗賊であったからと処刑したならば、これから村の者たちは安心して寝ることもできない。(中略)さらに五左衛門は無罪で釈放するだけでなく、その居住する土地を新発田藩領とし、その領民にして、これまでどおり盗賊の襲撃から百姓を守らせるのがよい」

(『折たく柴の記』下)

白石が登場しなければ五左衛門をはじめ、彼を用心棒に雇った村役人・百姓たちも重い咎めをうけただろうが、白石は五左衛門が無罪となるうえは村人全員も無罪とすべきだと明快な裁定をくだした。盗賊改の船越五郎右衛門と二人の同心も咎めなし、とくに同心は職務に忠実で褒賞を与えるべきであるとした。大目付も勘定奉行も白石の意見に従った。

それにしても突如、白石が登場して幕閣の審理がくつがえって判決まで変わってしまうのは、幕政のうえでは問題である。こんなことが起きるのは、幕府が二代将軍秀忠以来、成文法をつくらず、その時々の担当奉行が時宜にかなった最善の判断をくだすのがよいとしてきたからである。しかし、つねに最善の判決が行なわれるのはむずかしい。

そのため四代将軍家綱のころから個々の裁判判決が記録されるようになり、五代綱吉のときには裁判で先例が参照されるようになった。それでも奉行によって判決のズレは大きかった。これが法的にととのうのは八代将軍吉宗のときである。

寛保二年に『公事方御定書』が一応完成すると、人殺しや放火・盗みほか諸犯罪の処罰の基本が詳細に定まる。

第三章　将軍吉宗の江戸

火附盗賊改の誕生

町奉行と火附盗賊改

享保《きょうほう》元年(一七一六)八月、徳川吉宗は紀伊藩主から江戸幕府八代将軍に就いた。将軍家に徳川宗家の血統が絶えて、初めて御三家からの襲位である。吉宗が江戸城に入って最初に行なったことは、六代将軍家宣《いえのぶ》以来、幕府中枢にあった側用人間部詮房と新井白石の排除であり、ついで新しい幕閣・主要役人を登用して幕府の支配体制を大幅に改めた。その新政は「享保改革」と総称される。ここでは江戸の治安・警察体制に限るが、根本的な再編成が行なわれた。

享保三年一二月、四代家綱以来の「盗賊改」、五代綱吉以来の「火附改」「博奕改」を統合して「火附盗賊改」が生まれた。ところが享保一〇年に博奕・三笠附《みかさづけ》(賭《か》けの一種)などは町奉行所の管轄に移り、火附盗賊改は放火・強窃盗を取り締まり裁くことになった。

しかし盗み・放火・博奕という犯罪はお互い不可分に結びついており、取り締まりをめぐって町奉行所と火附盗賊改との間では悶着《もんちゃく》が頻発したが、放火・強盗・窃盗の取り締まりが一本化されたのは大きな前進であった。

享保三年当時、江戸の民政・治安・警察を担当していたのは、次の旗本たちである。石高はそれぞれの家禄。

南町奉行	大岡越前守忠相《ただすけ》	四二歳	一九二〇石
北町奉行	中山出雲守《いずものかみ》時春	六〇歳	一五〇〇石
中町奉行	坪内能登守定鑑《さだかね》	七〇歳	一一〇〇石
火附盗賊改	安部式部信旨《のぶむね》	五〇歳	一〇〇〇石
火附盗賊改	山川安左衛門忠義《ただよし》	六二歳	五〇〇石

これまで町奉行は六〇歳前後の旗本から任用されるのがふつうで、四二歳の大岡忠相は異例の抜擢であった。坪内定鑑は綱吉政権以来、盗賊改・南町奉行・中町奉行と一八年にわたり四代の将軍のもとで江戸の行政・警察にたずさわってきたが、辣腕《らつわん》というより無難な対処を通してきた。唯一目立った活躍としては大奥を揺るがした絵島生島《えじまいくしま》事件（正徳四／一七一四年）のとき、わずか一カ月余りの間に大奥の関係者一五〇〇人余に対して死罪から無罪まで処断したことである。享保四年一月に坪内は高齢ゆえに中町奉行を辞職。同時に中町奉行所は廃止になった。

一方、火附盗賊改は盗賊改を務めていた安部式部と、博奕改だった山川安左衛門が任命され、二人が合議して火付・盗賊・博奕すべてを取り扱うように命じられた。

「足高制《たしだかせい》」で人材を登用

ところで吉宗の享保改革は政治・経済・社会・文化など幕政全般にわたる改編であった。すべての幕臣にとって重大な変革に、享保八年に新たな人材登用策として定められた「足高制」がある。これまで幕府は重要な役職にはそれに見合った家格・家禄の旗本を任命してきた。幕府初期には有能な人材が豊富だったが、四代家綱以後になると払底しはじめ、綱吉のときには家禄が低くとも有能ならば加増して抜擢した。その増禄分は世襲されたので、幕府の財政支出は増大しつづけた。

足高制はこれを改めて各役職に一定の「役高」をもうけ、それよりも低い家禄の者が就任した場合、在職中にかぎって家禄と役高の差額を足高として支給することにした。これによって幕府は財政支出を抑制できるとともに、家禄の少ない者でも登用・抜擢が容易になった。

「役高」は幕臣（旗本・御家人）の役職のランク付けといえる。おもな役職の役高は次頁の表のとおり。足高制に定められた先手頭の役高は一五〇〇石である。火附盗賊改を命じられると、別に「役料」として四〇人扶持（のち六〇人扶持、幕末には一〇〇人扶持）が支給される。

この後の火附盗賊改のなかには徳山五兵衛秀栄《ひでいえ》（二七四〇石）や松平左金吾定寅《さきんごさだとら》（二〇〇〇石）ほか、役高以上の家禄の者もいるが、ほとんどが足高制のおかげで火附盗賊改の仕事をかろうじて全うした。「かろうじて」というのは火附盗賊改は熱心に勤めると役高・役料以上に出費がかさむ役職であったからである。まさに足高制のおかげで、後述の向井政暉《まさてる》（九〇〇石）や贄正寿《にえまさとし》（三〇〇石）、長谷川平蔵（四〇〇石）らも登用されて活躍できたのである。

この足高制は火附盗賊改のような番方役人にも有効であったが、それ以上にとくに効果的だったのは算用・計数に熟練した勘定方の役人の登用においてであった。「御目見《おめみえ》以下」の御家人から旗本へと抜擢・昇格する者が何人も現われるのである。

主な役職の足高

役高	代表的な役職（旗本役）
5000石	側衆・留守居・大番頭
4000石	書院番頭・小姓組番頭
3500石	林大学頭
3000石	大目付・町奉行・勘定奉行・百人組頭
2000石	旗奉行・槍奉行・作事奉行・普請奉行・小普請奉行・日光奉行
1500石	高家・京都町奉行・大坂町奉行・持頭・先手頭（火付盗賊改は別に60人扶持）
1000石	長崎奉行（のち2000石）・奈良奉行・堺奉行・佐渡奉行・目付・禁裏付・使番
700石	納戸頭・腰物奉行
500石	小姓・小納戸・勘定吟味役

［注］役料、役扶持は省略。

火あぶりの記録保持者

吉宗政権下で三改役が一応一体化された後、博奕改から火附盗賊改を命じられた山川安左衛門は、享保三年三月から同一〇年一二月まで七年九カ月間この役にあり、火附盗賊改の在任記録では長谷川平蔵（宣以《のぶため》）に次いで長い。

安左衛門が火盗改になって一年後、配下の与力・同心が目明《めあかし》の鬼子儀兵衛《おにこぎへえ》から多額の賄賂を受け取っていたのが発覚した。「目明」というと同心からわずかな金で使われて探索に歩きまわっている下っ端のイメージだが、ここでは話が逆転していて、目明のほうが羽振りがよくて、与力・同心が金品をたかっていた。

鬼子儀兵衛は、安左衛門配下の与力・同心が仕事柄つかんだ情報を流してもらって脅しのネタに使い、商家や料理屋などから金をまきあげていた。その見返りに与力・同心には小遣いを渡したり、飲み食いさせたり、吉原で遊ばせたりもしていた。これが発覚して与力二人・同心五人、それに鬼子儀兵衛が死罪になり、遠島（島流し）になった同心が二人あった。

当然、山川安左衛門は辞めさせられるかと思いきや、二カ月間神妙にしていただけで許され、火盗改をつづけた。成立したばかりの吉宗政権では、火盗改に安左衛門のような荒者・猛者が必要とされたのである。山川は苛烈《かれつ》さにおいて既述の火附改中山勘解由《かげゆ》と一、二を争う。

「安左衛門といえるは、性質健固なる人にて、日夜厳《おごそ》かに市街を巡視し、盗賊または放火の徒を捕らえ戒めければ、市人ら恐るること大方ならず。小児夜泣きする時は、山川山川といえば則ち泣くをやめ、また山川白酒というを商う者も、この人の苗字を呼ぶことを恐れ、招牌《しょうはい》（看板）にも山川の字をば削りさりしとなり」

（『徳川実紀』有徳院殿付録）

放火犯に科す火罪　燃えやすい薪とカヤを用い、焼死後は三日二夜、刑場に晒される（『徳川幕府刑事図譜』明治大学博物館所蔵）

安左衛門は享保九年一月から四月までの四カ月間に一〇二人を火罪にした。中山勘解由が天和《てんな》三年（一六八三）に五〇人を火あぶりにしたときより激しい。じつは安左衛門は前年末に一目で無宿者が区別できるように髻《もとどり》を切ることを建言した。その結果、南町奉行大岡忠相は「御触《おふれ》」で無宿者には髷《まげ》を結わせず、散切《ざんぎ》りにさせた。一目見れば無宿とわかり、山川は片っ端から捕まえて火あぶりにしたものだろう。

遠島以上の刑の執行は評定所、さらに老中の判断をへて将軍の決裁を得なければならない。当然、火罪は吉宗の決裁をうけて行なわれる。山川安左衛門から火あぶりの求刑が多いことに気づいていただろうが、吉宗は無宿者の刑執行に異論をはさまなかった。安左衛門も手柄と心得てますます無宿者の逮捕と火刑を行なった。

安左衛門は享保一〇年、六九歳まで火附盗賊改を勤めた。もっぱら放火容疑の捕縛に熱心で、盗賊との対決・追捕は伝わらない。火盗改を退役後も吉宗に気に入られ、鷹狩《たかがり》・日光社参に扈《こ》従《じゅう》を命じられ、持弓頭《もちゆみがしら》に転役して八四歳で亡くなるまで現役だった。

「酷吏」になりかねない役目

火盗改には極端に苛酷《かこく》な取り締まりを行なう者がしばしば現われる。山川安左衛門はその最右翼で、中山勘解由と併称されたりもするが、中山が一方ではかぶき者や旗本奴・町奴らを一掃して市中の難儀を除いたのに対して、山川にはそのような徳行はなかった。山川の取り締まりと火罪の執行には放火・強盗を未然に防ごうという気がなく、捕らえた者の裁判もお座なりで、ひたすら火罪のタイトルホルダーをめざし、吉宗の歓心を得ようとした観がある。吉宗政権下にはもう一人、山川同様に苛酷な取り締まりで江戸庶民にきらわれた藤懸伊織永直《ふじかけいおりながなお》がいる。

藤懸（藤掛とも）は元文三年（一七三八）一〇月から半年間、先手弓頭から火附盗賊改加役を、さらに寛保《かんぽう》三年（一七四三）九月から延享二年（一七四五）五月までは火附盗賊改本役を務めた。このころ幕府は市中での頬かぶりや覆面を禁止していたが、頬かぶりといっても、表は縮緬《ちりめん》、裏は紅絹《もみ》の洒落《しゃれ》たもので、人気のファッションだった。

藤懸は顔を隠しているのは何かワケがあると、手当たりしだいに捕らえた。このため江戸庶民からは「丸まると治る御代《みよ》の御法度《ごはっと》はすみずみまでも申《もうし》ふくめん（覆面）」とか、「寄れば取りさわれば取《と》てみたがるが手かけ足かけ扨《さて》は藤懸」と落書《らくしょ》になり非難された。

藤懸は市中見廻りに出ると、だれかを捕まえないと気がすまなかった。人々は恐れたが、おかげで「きおい組」といわれる鳶《とび》の無頼集団と抗争して壊滅させた。しかし中山勘解由が「かぶき者」を一掃したときのような人気は、藤懸にはおこらなかった。

延享二年、藤懸は夜廻りに出て、新吉原から帰る客を待ち伏せしていた。そこへ小姓の池田丹波守・安藤丹波守と高家《こうけ》の大沢丹波守の「丹波三羽烏《さんばがらす》」がそろって通りすぎた。藤懸は従者を捕らえ、丹波守たちが殿中での装束を馴染《なじ》みの花魁《おいらん》に見せびらかしたことを白状させた。

藤懸は若年寄に丹波守たちの行ないを「不謹慎」として訴え出たところ、逆に火附盗賊改のすべき職務ではないとして解任され、半年後に失意のうちに五七歳で死んだ。山川も藤懸も自分が掌握している職務権限に酔って冷酷無残な取り締まりをかさねた。当人は自身を「酷吏」であるとは露ほども思っていなかっただろう。

百万都市江戸の治安・警察

「名奉行」の誕生

享保一〇年四月、火附盗賊改に就いたばかりの飯田惣左衛門直恒《そうざえもんなおつね》が放火犯を捕らえる大手柄をあげた。惣左衛門が使っていた目明の般若面《はんにやめん》源七が、三月一日に小網町《こあみちよう》河岸であった土蔵火事の放火犯・無宿者の伝兵衛を捕まえてきたのである。伝兵衛は放火だけでなく、近くの町家で銭箱や衣類を盗んだことも自白していた。さらに二月一四日の四谷簞笥町《たんすまち》の火事も、自分が放火したと打ち明けた。飯田惣左衛門はこのとおり「吟味書」を書き、老中へ火罪の御仕置伺いを差し出した。老中からは火罪の差図（判決）が下った。

伝兵衛は六月二日に市中引廻しになり、七日に放火をした小網町で晒《さら》しになった。ところが晒し場を警備していた南町奉行所の同心二人は、野次馬が「小網町の付け火は伝兵衛の仕業じゃねぇのははっきりしてる」と話すのを耳にした。同心はこのことを大岡忠相に報告した。忠相が念のため調べさせると、放火があった三月一日には伝兵衛は小網町一丁目の数珠屋《じゅずや》六左衛門方に弟子奉公していて無宿ではなく、六左衛門に確かめると当夜のアリバイもあった。

江戸時代にはやり直し裁判はあり得なかったのだが、忠相は老中松平乗邑《のりさと》に火罪執行の延期と再吟味を申し入れた。北町奉行諏訪《すわ》頼篤《よりあつ》が改めて取り調べると、伝兵衛は飯田惣左衛門が使っていた目明の般若面源七と子分の法順から拷問するとおどされ、やってもいない放火を認めたとわかった。伝兵衛は言葉をはっきりと話せない男で、般若面らは褒美稼ぎのためにデッチアゲをたくらんだのだった。

般若面と法順は死罪、火盗改飯田惣左衛門は出仕差し控え、伝兵衛は火罪をまぬがれて「所払い《ところばらい》」（小網町から追放）の刑ですんだ。大岡忠相の名は火あぶりになる伝兵衛を間一髪で救った「町人の味方」また「名奉行」として江戸庶民に記憶されることになる。その一方で町奉行所や火附盗賊改の捜査が、鬼子儀兵衛や般若面源七ら目明に大きく依存していることの弊害が、大きくクローズアップされることになった。

目明の功罪

目明は「手先」「岡っ引」「御用聞き」など、いろいろな名で呼ばれる。町奉行所の同心が雇っている目明が一般に知られるが、大目付や目付・勘定奉行・火附盗賊改でも、同心の手下となり、犯罪捜査の末端で重要な役割をはたしていた。しかし、どの役所においても「非正規」の使用人である。

目明が生まれたきっかけは、元禄期（一六八八〜一七〇四）に囚人を減刑するのと引き換えに市中を腰紐《こしひも》をつけて連れ歩き、仲間のスリなどの犯罪人を見つけ出させたのが始まりという。この方法はのちに「差口奉公《さしぐちほうこう》」といって、火附盗賊改方や勘定奉行配下の代官所で盛んに行なわれた。ところが囚人が刑を軽くしてもらおうと虚偽の申し立てをすることが多く、幕府はこのやり方を禁じた。しかし、この犯罪捜査法は効果的なので、暗黙のうちにつづけられた。

われわれに馴染みなのは、町奉行所の同心が使っている目明である。腕ききの目明ほど犯罪の世界につながりがあり、悪人世界の動静について特別の情報ルートをもっていて、犯罪捜査に役立った。彼らは廻り方同心と個人的に結びついて、その同心の捜査・逮捕を助けた。同心からは十手《じって》や証文（手札）を預かり、同心のポケットマネーから月に一分《いちぶ》程度（現代では二〜三万円）のわずかな給金をもらっていた。しかし目明は少なくとも二、三人の子分（下っ引）を使っていたから、その面倒をみる金もかかる。そうした金を稼ぎ出すため、犯罪捜査の立場を利用して、商家や料理屋などをやんわりと脅すことがしばしば起きた。

一方、享保以後江戸市中には無宿があふれ、犯罪が激増して南北両町奉行所の見廻り同心二八人と火附盗賊改方の召捕り方・廻り方約一四人で市中警備と犯罪捜査・犯人捕縛にあたるのは不可能であった。どうしても目明の目と耳は欠かせない。

目明をいちばん多く使っていたのは町奉行所の廻り方同心である。享保期（一七一六〜三六）の数字はわからないが、天保期（一八三〇〜四四）で約一五〇人、幕末には約三八〇人（一説に五〇〇人）も江戸社会の底で活動していた。目明は少なくて二〜三人、多ければ五〜六人以上も下っ引を使っていたから、町奉行所配下の目明・下っ引の総数は二〇〇〇人前後にもなる。目明には功罪両面があったが、町奉行所や火附盗賊改がわずかな人数で百万都市の治安維持をはかることができたことの一つには、彼らの活躍があったことは否定できない。

火盗改は幕閣へのプレポスト

火附盗賊改は凶悪な盗賊・放火犯を探索・捕縛する役目なので、そのさい町奉行所の役人には許されていない斬殺も許されていた。これは慶長期（一五九六〜一六一五）以来の盗賊追捕の仕方であり、寛文期（一六六一〜七三）の盗賊改に踏襲され、それゆえにこの役には武勇で名高い旗本の家筋から登用された。

この基本は受けつがれたが、元禄期の半ば（一六九〇年代末）から武辺一辺倒でなく、処務・政務もこなせる者が重視されるようになった。しだいに火附盗賊改は「番方」だけでなく「役方」も兼ねる役職という位置づけが生まれていくが、そうした流れの先駆的な人物としては元禄期の久貝忠左衛門正方《くがいちゅうざえもんまさかた》がいる。

じつは番方のトップ職である先手頭・火附盗賊改のなかに、役方としても有能な人材を発掘することになったのである。火盗改の多くは一〜三年の短期の在任でつぎつぎと交替したが、これには人材を見きわめるためということもあった。この流れは吉宗の時代に法体制がととのえられるといっそう強まり、さらに江戸後期には旗本の間に火盗改は遠国《おんごく》奉行や勘定奉行・町奉行への出世コースの役職と認知されることになる。

期待される火盗改像

山川安左衛門・飯田惣左衛門という「荒者」につづいて火盗改をついだ進《しん》喜太郎成睦《なりちか》は、これまでの火附盗賊改にはない人物だった。こわもての武人が多いなかにあって、進喜太郎は火盗改の御頭《おかしら》とは見えなかった。捜査・追捕に熱心だったが、やみくもに捕縛しない。

享保一〇年一二月から一三年六月まで務めたが、同心一人を連れての夜廻りを欠かさなかった。ある夜、公事宿《くじやど》が並んでいる日本橋馬喰町《ばくろちょう》を流していると、幸手屋という宿屋の二階で、男たちが遊んでいる高声が路上にまで聞こえてきた。銭のぶつかる音もする。

「あの宿を起こせ……」

同心に戸を叩かせた。内から「どなた様でしょう」と間の抜けた声がする。

「火附盗賊改である。早くあけろ！」

亭主はじめ宿の者は恐れ入ってふるえ、二階も静まりかえった。

「われわれが来たからといってあわてることはない。通りかかったら二階があかあかと灯がともり、大勢集まって銭の音もする。たぶん売上の銭を勘定していたのだろうが、博奕と紛らわしいから、銭勘定は昼間か夕方のうちにすませろ」

こんな話も伝わる。

喜太郎が同心と浅草・諏訪町河岸を灯火をつけずに夜廻りをしていると、二人の番太郎が拍子木を打って町内をまわってくるのに出会った。「そこを行くのはだれだ」と聞かれたが、喜太郎らは黙っていると、番太郎の一人が棒をふるって打ちかかってきた。同心は「これは火附盗賊改の進喜太郎様である」と言うと、番太郎は驚き、大あわてで逃げた。

町内では町役人らがお咎めがあるだろうと集まっていると、喜太郎から「昨夜の見廻りはよい心がけであった」と褒美の金子《きんす》が届いた。同じようなエピソードは、のちの長谷川平蔵にもあり、火盗改の「鬼」とは別の「仏」の一面を伝えるパターン化した話である。江戸の庶民は気に入った役人には同じ話を付与していく。

東海道にたむろする盗賊

進喜太郎が退任した翌年、享保一四年二月、火附盗賊改を命じられた向井兵庫《ひょうご》政暉《まさてる》も武辺一辺倒ではない旗本だった。といっても幕府の船手頭《ふなてがしら》をつとめた向井将監《しょうげん》忠勝の孫である。吉宗が荒者を用いる一方で対照的に好んで登用した公正・清廉な役人の一人で、向井の場合はさらに剛直なところが気に入られた。

向井兵庫には依田《よだ》佐介という老練な与力がいた。依田は市中見廻りに出ると、行き交う人のなかで盗賊がわかるという。いちいち捕まえたら際限がないので、こいつはひどいという者だけ捕縛した。あるとき東海道・戸塚に六〇人ほどの盗賊が群居し、旅人や近隣の村々を襲っているという訴えがあった。討伐を命じられた向井兵庫は依田佐介に出撃を命じた。向井が同心一〇人と小者二〇人をひきいていけば、盗賊団は一気につぶせるだろうと言うと、依田は、「六〇人余りと乱戦になれば、一〇人の同心でも手が足りぬかもしれませんが、お上《かみ》の威光で取り押さえるならば、わたし一人で用が足ります。大勢で出張るにはおよびませぬ」

結局、同心六人と小者六人で戸塚へ向かった。それにしてもメインロードの東海道に盗賊集団がたむろしていたことは注目される。江戸初期には盗賊たちは常陸・下野・上野など江戸を遠くはなれた北関東に根城を求めて群居していたが、その一団とは趣がだいぶ違っている。

慶長期の盗賊団は戦国の合戦体験をもつ野武士・足軽などの下層戦闘員が大半で、戦後の徳川体制から落ちこぼれた者たちだった。刀・槍・鉄砲などの武器を備えてはいたが、足軽大将クラスがひきいる幕府の組織的戦闘力の前に討滅された。それでも家康から四代家綱まで約七〇年もかかったのである。

そしていま吉宗のとき、東海道・戸塚に盗賊集団が群棲しているという。戸塚宿は江戸を早朝に出立した旅人が最初に泊まる宿場で、日本橋から一〇里半。盗賊が群居し出没したのは保土ケ谷宿から権太坂《ごんたざか》をこえて平戸《ひらど》へいたるあたりで、街道の両側に松林が広がり、戸塚宿まで残り一里余のところだった。

このころは盗賊集団といってもほとんどが農村での暮らしが成り立たなくなった「潰《つぶ》れ百姓」で、生まれた村を出て浮浪し、無宿となって街道筋に滞留した者たちである。刀・槍・鉄砲をもって武装していた江戸初期の盗賊集団とは、生い立ちがまったく違う。

与力依田佐介は同心・小者一二人をひきいて戸塚へ出動すると、戦闘することもなく六〇人余の盗人を平定し、主だった者約一〇人だけを捕らえてもどった。御頭の向井兵庫へは、戸塚周辺の村々の荒廃がひどく、村人はみな困窮していて、盗人を捕まえるとなると、村中のみんなを縛らなければならないと報告した。さらに泥棒をなくすには村が立ち行くように「村掛《むらがかり》」(年貢などの諸負担)を減らすことが肝要であるという意見まで述べた。向井兵庫は依田の進言を若年寄に上申した。そして捕らえてきた盗人をみな許して召し放ちにした。

向井兵庫も火盗改をへて栄進した組で、享保一七年五月に京都町奉行へ役替えになり、元文四年七月までの七年間務めつづけて、そのまま京都で病死した。

戸塚のこの盗賊退治では、幕府は余裕をもって鎮圧した。しかし一七年のち、同じ東海道の見附《みつけ》宿(静岡県磐田市)を本拠にした大盗日本左衛門《にっぽんざえもん》(浜島庄兵衛)に対しては、火附盗賊改はもちろん、町奉行・遠国奉行、それに諸大名にまで捕縛を命じたが、だれも捕らえることができなかった。

第四章　日本左衛門 vs. 徳山五兵衛

揺れる天下

吉宗から家重へ

延享二年（一七四五）九月、六二歳の吉宗は将軍職を三五歳の長男家重にゆずって隠居し、江戸城西の丸へ移った。しかし、政治の実権はこの後も「大御所」として、なおも掌握しつづけた。じつはこの一カ月前、二三年にわたって老中として吉宗政権の中枢にあった松平乗邑《のりさと》を罷免して蟄居《ちっきょ》を命じており、この後は堀田正亮《まさすけ》・松平武元《たけちか》ら新顔の老中のもとに集団指導体制がとられる。吉宗の初政から隠居後も幕閣として三〇年以上も任にあったのは、町奉行から寺社奉行へと栄進していた大岡忠相《ただすけ》ただ一人である。

家重への代がわりを機に、江戸の民政・治安・警察をになう町奉行・火附盗賊改も人事の刷新が行なわれた。北町奉行は能勢頼一《のせよりかず》だったが、延享三年七月に南町奉行が馬場讃岐守尚繁《さぬきのかみなおしげ》、火附盗賊改が徳山五兵衛秀栄《とくのやまごひょうえひでいえ》へとそろって代わった。

江戸で幕府のトップ人事が刷新されていたこのとき、東海道筋に江戸時代を通じて最も強大な盗賊集団が活動していた。頭領は浜島庄兵衛《はまじましようべえ》、通称「日本左衛門《にっぽんざえもん》」と呼ばれ、一〇〇人ないし二〇〇人をこえるといわれた手下を擁して、伊豆《いず》から駿河《するが》・遠江《とおとうみ》・三河・尾張・美濃《みの》・伊勢《いせ》・近江《おうみ》の八カ国を股にかけて押込強盗を働いていた。一七年前に向井兵庫政暉《まさてる》が捕らえて一掃した東海道戸塚宿近辺に群居した盗人集団とはまるで違う組織的な強盗集団である。

浜島庄兵衛が本拠にしていたのは遠江の東海道見附宿《みつけ》（静岡県磐田市）であるが、ここには幕府の中泉代官所があり、隣接して掛川藩・相良《さがら》藩・横須賀藩・浜松藩がある。しかし庄兵衛は代官所をしのぐ武力と手下をもっており、諸大名は手出しせずに関わり合わなかった。庄兵衛も手下も恐れるものがなく、街道・宿場を大手をふって闊歩《かっぽ》していた。

浜島庄兵衛の犯状が江戸に届くのは延享三年九月である。その押込強盗の実態が幕閣の耳に達するや、二カ月前に火附盗賊改に就任したばかりの徳山五兵衛に遠江遠征が命じられた。ところが向井兵庫が戸塚宿の盗人集団を鎮圧したときとは、まったく様相が違った。火附盗賊改は首領の浜島庄兵衛を取り逃がし、幕府・諸大名の警察力が総動員されることになる。

京都祇園《ぎおん》に遊ぶ蕩児《とうじ》

日本左衛門の捕縛を命じられた火附盗賊改徳山五兵衛家は、江戸っ子のだれもが知る武門の名家である。家祖は美濃大野郡徳山の豪族で、代々「五兵衛」を名乗り、戦国期の徳山五兵衛則秀《のりひで》は織田信長に仕えた。本能寺の変後は柴田勝家、ついで前田利家、さらに関ヶ原直前に家康から徳山に五〇〇〇石を与えられて徳川氏に服属した。以後、同族間で知行を分かち、秀栄のとき二七四〇石であった。

江戸っ子のだれもが知っていたわけは秀栄の祖父重政が明暦の大火後に本所奉行を務めたからである。本所・深川全域の道路・水路・橋など町の区画整備・造成を取り仕切り、亀戸天神社など多くの寺社の草創には「徳山」の名が記録・記憶された。また重政を継いだ重俊は一時廃止されていた盗賊改が元禄一五年（一七〇二）に再置されたとき任命され、火附改も兼務したので、江戸の町人には馴染んでいた。

それから四五年もすぎて、その子の徳山五兵衛秀栄が火附盗賊改として帰ってきたのである。この間に火盗改は延べにして五三人も入れ替わり、将軍も五代綱吉から九代家重と代わっている。秀栄の遅すぎる火盗改就任には、意想外のワケがあった。

秀栄は重俊が五三歳のときの子で、一九歳年上に兄重朝《しげとも》がいたが、父に先立って亡くなった。秀栄は一一歳のときに将軍綱吉に御目見《おめみえ》をはたし、徳山家の後嗣として認知された。ところが一六、七歳のとき京都に遊学（じつは出奔）した。旗本の嫡男が江戸を離れることは許されないので隠密裏にしたが、どうにか秘匿して家督を継承したのである。

秀栄は京都では名高い美女で才女の「祇園お梶《かじ》」と相愛の関係になった。お梶は茶屋の女主人であるが、「徳山梶子《かじこ》」の名で歌集『梶の葉』を出している。そして後年、秀栄はお梶の養女百合《ゆり》との間に町子（池大雅《いけのたいが》の妻玉瀾《ぎょくらん》）をもうけた。お梶・百合・玉瀾は「祇園三女」といわれるが、これらについては拙著『江戸の名奉行』にくわしい。秀栄が重俊の命で江戸にもどり家督を継いだのは二四歳のときで、重俊は七七歳になっており、翌年には世を去る。なおも京都に暮らしていたら、名門徳山家は廃絶になるところだった。

じつは徳山秀栄については、幕府が編纂《へんさん》した家譜のほかには記録がほとんどなく、むしろ「祇園三女」がらみで断片的に消息がつかめる。一方、徳山五兵衛が対決した浜島庄兵衛（日本左衛門）に関しては、虚実取り混ぜていろいろな記録が伝わっている。日本左衛門を追うなかで火附盗賊改徳山五兵衛に着目したい。

錯綜《さくそう》する支配管轄

浜島庄兵衛が東海道筋で押込強盗を働いていたころ、江戸の取り締まり役人の間で長い間つづいていた議論が決着した。延享二年一二月、寺社の境内の外にある門前町の取り締まり管轄が、寺社奉行から町奉行へ移ったのである。

この直後に浅草寺《せんそうじ》の二天門脇で首をくくった男がいた。用いた縄が古かったらしく夜明けに発見されたときには縄は切れて、死骸は寺の境界をなす石垣のうえに横たわっていた。そのため、この一件の担当をめぐって寺社奉行と町奉行の双方が縄張りを主張してもめた。評定所で評議のすえ、「首吊りゆえ、首のあるほうが扱うべし」と決まり、このケースでは寺社奉行が担当することになった。

笑い話のような事件であるが、江戸時代の犯罪捜査の問題点をうきぼりにしている。重大な犯罪が発生すると、奉行はじめ末端の捕り方（与力・同心）まで、まずこの「縄張り争い」をクリアしてからでないと捜査を開始し、犯人逮捕へとつなげられない。江戸市中では犯罪場所・犯人の身分に応じて捜査担当者は目付か町奉行所か火附盗賊改かはっきりしていたが、江戸を離れた地方では管轄・支配が細かく分断されていたので、警察力の空洞化が広くみられた。

たとえば幕府直轄領（天領）で盗みや人を殺せば、勘定奉行配下の郡代・代官が管轄した。また各地にあった寺や神社・寺社領は寺社奉行の支配であり、その領内に暮らす僧侶・神官だけでなく百姓も、ほかの役所が勝手に取り調べることはできない。大名領ではむろん各藩が独自に取り締まっている。加えて旗本領もある。つまり幕領で人殺しをして金を奪い、川を泳いで大名領へ逃げ込めば追っ手をまぬがれた。

こうした不都合が頻繁におきたため、幕府は自在に支配違いに踏み込んで盗賊・放火犯などを探索・捕縛できる火附盗賊改を設けたのである。そうはいっても、火盗改が現実に大名領内へ遠征して捕物をすることは多くはなかった。盗賊らは入り組んだ「支配違い」を利用して本拠や隠れ家をあちこちにかまえ、幕府の警察力から逃れていた。

同じ東海道筋でも先の戸塚宿の盗人集団が、強力な首領をもたない「潰れ百姓」を主とする自然発生的な泥棒集団だったのに対して、一七年後の浜島庄兵衛は下級とはいえ武士であり、しかも幕府の代官所や諸大名の警察力をしのぐ武力をかかえていた。本拠を遠江と美濃にかまえ、各地にも手下が散らばっていて、東海道八カ国を股にかけて荒らしまわった。

街道の風を切る七里役

浜島庄兵衛は享保《きょうほう》四年（一七一九）の生まれで、幼名を友五郎、成人してから尾張十右衛門、盗賊の世界に入ってから仲間内では「日本左衛門」の異名で呼ばれた。

父の友右衛門（富右衛門とも）は尾張藩に仕える中間《ちゅうげん》で、足軽より下の武家奉公人である。俸禄《ほうろく》はわずか五石二人扶持であったが、「七里役（七里飛脚）」に抜擢されて遠江金谷《かなや》宿（島田市）に住まいし、金まわりも羽ぶりもよかった。

七里役は、御三家の尾張藩・紀伊藩や親藩の福井藩・姫路藩・松江藩などが、国元と江戸の藩邸との間にそれぞれ独自にもうけていた藩主専用の飛脚である。尾張藩の場合、江戸―名古屋間に四里から六里の間隔で一八カ所の七里役所を置き、各役所に当初は五人、その後経費削減で友右衛門のころには二人ずつ配属されて、主君の御状箱《ごじょうばこ》を伝送した。最速で江戸―名古屋間を四八時間で運んだ。

七里役は身分も俸禄も藩内でいちばん下級の役職であったが、街道では御三家の威光を笠に着て我が物顔で突っ走り、追い越しざまに旅人や宿場の者に御状箱をぶつけたり突き当たったりして悶着《もんちゃく》を起こしては相手を恐喝した。その稼ぎは藩からの給金よりも多かった。道中奉行配下の役人や宿場役人は御三家への遠慮があって七里役所を治外法権的に扱い、そのため七里役所には浪人や無宿がたむろして博奕場にもなっていた。

友右衛門が配属された金谷宿の七里役所は岡部宿（藤枝市）と掛川宿（掛川市）の間におかれ、岡部へは六里一九丁（約二六キロ）、掛川へは四里九丁（約一七キロ）を突っ走る。しかし御状箱を伝送するだけでなく、藩主が参勤交代で通るときには先導役を務めたり、藩の重役の往来には接待もする。

さらに金谷は「越すに越されぬ大井川」の西岸で、大雨があれば参勤交代で江戸へ向かう大名や旅人が何日も滞留させられる難所・要所である。葵御紋《あおいごもん》の高張提灯《たかはりちょうちん》を掲げた御三家の七里役所には参勤交代の諸大名の用人が挨拶に訪れたりする。そのため藩の最下級の武家奉公人であっても七里役には威風があり、弁舌でも一通りの応対ができる者があてられていた。

ふつう一年交替で別の七里役所に移り、五年で各所を務めると役替えになるのだが、友右衛門は重要拠点の金谷に一〇年以上も永年勤続した。友右衛門は土地の顔役であり、だれもが道をゆずる。幼いときから友五郎は父のそんな姿を見て育った。

藩主の御状箱を運ぶ七里飛脚　御三家の威光を笠に着て、街道をわが物顔で突っ走った（魚屋北渓「紀州家七里飛脚」）

友五郎は武芸の好きな少年で、周囲からは「鳶《とび》が鷹《たか》を生んだ」といわれ、友右衛門にとっても自慢の息子だった。体軀《たいく》も大柄で「五人力」とか「七人力」といわれる膂力《りよりよく》の持ち主で、剣術は居合《いあい》の早業に上達していた。しかし父親には藩内に頼みになる有力なコネがなかった。一〇代半ばには自分が五石二人扶持の中間の身分から抜け出せないことを知った。

友五郎は一七、八歳になると酒と博奕と女に沈潜していった。体軀だけでなく器量も頭領の資質をそなえていて悪事に染まっていくうち、彼のまわりには二〇人ほどの悪党組織ができていた。友右衛門は息子が悪党の点でも大器なのがわかり恐れた。このままでは息子の犯罪に縁座して、自分も死罪か獄門になりかねないと予感したようで、息子が二〇歳前後のときに勘当して親子の縁を絶った。友五郎が浜島庄兵衛と名を改めたのは、このころであろう。

四通八達する遠江の本拠

浜島庄兵衛は勘当後、二〇人余の手下とともに大井川西岸の金谷から天竜川西岸へと移った。『浜島一代記』によれば、芝本村（浜松市浜北区）という。東海道からは遠く外れた小さな村だが、天竜川に沿って南へ一〇キロほど下れば浜松や見附・掛川へ出られ、北へ上れば二俣・秋葉山から甲斐《かい》・信濃《しなの》へ通じており、東へは駿府へ、北西へは鳳来寺《ほうらいじ》山麓をへて三河・尾張・美濃へ通じている。戦国以来、今川・武田・徳川をはじめとする大名・土豪らが兵を動かしたところで、隠れ道は四通八達していた。

本拠の芝本村の家数は一〇〇軒ほどであったが、百姓の姿はあまり見えず鍬《くわ》や鎌をつくる野鍛冶や駄馬の荷鞍《にくら》を仕立てる工人が暮らしていた。浜島庄兵衛が居を定めてからは、道中筋の渡り盗賊や流れ浪人などが入り込んでたむろし、さながら盗人村となった。

庄兵衛はこの芝本村から主に天竜川西岸の村々の豪農・商家を襲った。たびかさなる強奪に対して、西岸の全村の村役人が回状をまわし、百姓を糾合して決起した。芝本村は鍬や鎌・竹《たけ》槍《やり》を手にした一〇〇〇人をこえる百姓に襲撃され、浜島庄兵衛は天竜川を渡って東へ逃れ、豊田郡上新屋村《かみあらや》（磐田市）の甚兵衛のもとにひそんだ。

庄兵衛が江戸随一の大盗賊「日本左衛門」へと変貌するのは、天竜川東岸の東海道筋見附宿近くに移った、このとき以後である。こののち上新屋村のほかに美濃の笠松（岐阜県笠松町）にもアジトを設け、美濃・伊勢・近江での押込強盗にはここから出動した。

この後は遠江だけでなく、伊豆・駿河から近江・伊勢まで八カ国にまたがる広域盗賊団へと強大化を遂げる。それが可能だったのには、第一には前々からであるが、三人の腹心がいたことであり、第二には本拠地の遠江の地の利である。

日本左衛門の腹心には弟分で参謀・知恵袋の尾張藩浪人中村左膳がいた。じつは芝本村を百姓たちに襲われたとき、左膳は独り天竜川を渡らずに京都をめざした。やがて、どういうツテがあったのか、中村喜六と名を改め、三千院門跡・梶井宮《かじいのみや》家の家司《けいし》（宮侍）になった。左膳にはそうした役目に収まれる品格がそなわっていたのである。この後、宮家の菊紋入りの提灯や会符《えふ》が浜島庄兵衛に内密に渡された。この会符が荷物に付いていれば関所を難なく通過でき、宿場の問屋場では運搬用の馬や人足を用いることができた。

また一〇〇人をこえる手下を掌握していたのが日本左衛門の「家老」といわれた駿河岩淵村無宿の弥七である。さらに見附宿に住んでいた紀伊藩七里役の中島順助は日本左衛門の用心棒格で、飛脚仲間から得られる江戸や東海道筋、また紀伊藩などの動静も日本左衛門に伝えていた。そして何よりも日本左衛門の盗賊集団の強大化をもたらした最大の要因は、本拠にした遠江の土地柄にあった。

藩・代官所は見て見ぬふり

遠江国（静岡県西部）は幕府直轄領・旗本領・寺社領・大名領が錯綜していた。『元禄御帳』では遠江の総石高は三二万八〇〇〇石余である。うち幕府領が八万八〇〇〇石余、旗本の知行地が一〇万六〇〇〇石余で三六家に分割され、寺社領が一万石余。これらが各地にこまぎれ状態で配置されていた。さらに大名領は一二万二〇〇〇石余で、浜松藩・掛川藩・相良藩・横須賀藩に分割されており、駿河・三河の大名の飛地もあった。

幕府の遠江支配を担当したのは中泉代官所で、浜島庄兵衛が新たな本拠にした上新屋村とは東海道見附宿を間にはさんで五キロ程度しか離れていない。当時の代官所はだいたい役人の定員は三〇名であるが、中泉代官所は三河も管掌したので五〇名ぐらいいただろう。

おもな役目は年貢の徴収にあり、役人の中核は計算能力のある現地採用者で占められた。そのため代官所に浜島庄兵衛の罪状を訴え出ても、取り締まる警察力がないだけでなく、代官所内に庄兵衛に内通している者がいるので、訴人は恐ろしくてできなかった。

中泉代官大草太郎左衛門は延享元年七月、次のような「御触」を出している。

「近来方々にて盗賊押込など、これ有る由に候間、随分用心致すべく候。もっとも村中かねて申し合わせ置き候て、もし夜盗入り候はば何ぞ鳴り物をならし候にしたがい、さっそく馳せ集り、捕らえ置き申し出ずべく候。見逃しに致すまじく候。小村は最寄りの村々申し合わすべく候。もちろん油断なく夜廻り・火の元、気を付け申すべく候、(以下略)」

(「中泉代官所御触書」)

最近、あちこちで盗賊が押込強盗を働いているので用心せよ。村中みなで申し合わせて、夜盗が入ったら鳴り物をならし、ただちに駆けつけて捕らえおき、届け出ること。見逃しにしてはならぬ。小さな村は近くの村々と申し合わせておくこと。油断なく夜廻り、火の元に気をつけよ、とある。村に盗賊の捕縛を命じるだけで、代官所みずからが取り締まりに打って出るという気概はまったくない。

浜島庄兵衛は押込するとき、必ず富裕な家をねらい、数十人の手下で押し入る。近隣の家の裏表には二、三人ずつ抜刀した見張りをつけ、村の道筋にも抜き身を手にした番人を四、五人ずつ立たせた。日本左衛門は押込先で人を殺さなかったが、この用意周到な襲撃に商家も豪農も手の出しようがなかった。

押込んだ屋敷内では二、三〇の提灯をいっせいに灯《とも》して物色した。庄兵衛はじめみな覆面などせずに素の顔で強盗する。そして盗みの仕上げに押し入った家の女を凌辱《りようじよく》した。この間、村人が鳴り物をならして犯行現場に駆けつけることなど、とうていできないことだった。

庄兵衛の主だった手下たちは大井川と天竜川にはさまれた東遠江に住んでいて宿場に大金を落とすので、一部では歓待されていた。また庄兵衛は見附宿に妾宅をもち、気に入りの賭場《とば》もあって、大小を差して若党・草履取りを従えて白昼堂々と往来していた。それでも中泉代官所も掛川藩・相良藩も浜島庄兵衛一味と対決する武力も気力もなく、街道を大手をふって往来するのを見て見ぬふりするだけであった。

襲われた婚礼

浜島庄兵衛は江戸時代に数多く出現した盗賊のなかにあって、ひどく異質なところがある。一般に盗人は地元では盗みをやらない。ところが庄兵衛にはそういう気遣いはなく、芝本村を本拠にしたときも上新屋村に移ってからも、むしろ勝手知った地元の富家をねらって押込強盗を働いた。

延享三年三月、庄兵衛は四〇人ほどの手下をひきいて、掛川藩領大池村（掛川市）の商人惣右衛門の屋敷を襲った。その日は豊田郡向笠《むかさ》村（磐田市）の豪農三右衛門の養女を嫁に迎える婚礼当日の夜であった。事前にしっかり探りを入れて、押込先にいちばん金品があるときをねらう。この夜、庄兵衛一味は一〇〇〇両の金と婚礼衣装を含め六〇品以上の衣類を奪った。そのうえ居合わせた妻女・花嫁・下女たちを犯した。押込先では人を殺すことはないが、女を犯すのは一味の常套《じょうとう》だった。

惣右衛門は掛川藩に訴え出たが、逆に叱責された。じつは先に掛川藩から御用金の調達を依頼されたとき、「手元不如意につき」と断っていたのである。「金がないと言っておきながら、一〇〇〇両を盗まれたとは、いかなることか！」と激しく咎められた。

一方、娘の嫁入りが暴行で汚された向笠村の三右衛門の怒りは治まりようがなかった。

強奪された金品

三右衛門の住む豊田郡向笠村は五〇〇〇石の旗本・花房《はなぶさ》三十郎の知行地である。領主に訴え出ても警察力はなく、まったく頼りにならない。三右衛門はその苦衷を訴えている。

「悪《わ》る者どもの儀、御地頭様へ御訴《おうつた》え申し上げたく存じ奉り候ても、盗人・類賊・親類などあまた御座候えば、この者どもより内通仕《つかまつ》り、闇打ちまたは如何様《いかよう》の怨《うら》み仕るべくも計りがたく、人々恐れ、国元にては御訴え申し上げがたく御座候」（『倭紂書《わちゆうしよ》』）

花房家に訴え出ようものなら、たちまち奉公人などから浜島庄兵衛に内通されて闇討ちにあいかねないという。代官所も地頭（旗本領主）も頼ることはできず、また諸藩に訴え出ても庄兵衛の居所は不定なので、「領内に盗賊一味はいない」と取り合わない。三右衛門は、

「このうえは、江戸表へ上訴するしかない……」

と決意し、向笠村五人組の喜八とともに近隣の村々の被害者をひそかに尋ね歩き、浜島庄兵

衛の罪状を一つずつ調べあげた。遠江での盗みだけだが、江戸の町奉行所へ訴え出た上書で、庄兵衛の盗みが具体的にわかる。いちばん下は被害者の住所と名である。

一、金千両・衣服類六十品余　遠州大池村　惣右衛門（宗右衛門）
一、金十一両並びに質物に取り候衣類　向笠村　甚七
一、金六十両並びに衣類　向笠西村　大玲寺（大珍寺）
一、金千両並びに衣類・脇差五腰　山寄村　丸の助（丑之助）
一、質物衣類・蓄財土蔵一カ所切り　山梨町　才次郎
一、金三十両・衣類三十品　平松村　小右衛門
一、金三十両・衣類・脇差二腰　持広村　忠四郎
一、金三十両・銭五貫文　野込村（野部村）　一雲斎
一、金五両・衣類　寺谷村　権十郎
一、金五十両・衣類・腰脇差二腰　赤池村　源右衛門
一、年貢金五両・銭四貫文　気賀村　源兵衛
一、衣類二十八・脇差二腰　深見村　金右衛門

一、金一両二歩・衣類　小島村　平十郎

右の外、所々にて穀物・衣類・諸道具などを盗み取り申し候度数、筆紙に尽くし難く御座候。

（「浜島竹枝記《ちくしき》」）

浜島庄兵衛の押込強盗ぶりがわかる。遠江の一三カ所で、半数は庄兵衛の本拠のあったいまの磐田市であるが、掛川市・袋井市から浜松市西区にまたがっている。それにしても惣右衛門や丸の助は一〇〇〇両もの大金を盗まれていて、その裕福ぶりに驚かされる。彼らは百姓に金を貸し、やがて担保にとった田畑を取り上げるなどして富を蓄積した町・村の質屋などの商人である。一方、三右衛門はそうした上層の町人と付き合うことのできる豪農であった。

火盗改の遠州遠征

老中の捕縛命令

三右衛門と喜八は浜島庄兵衛の追っ手を恐れながら遠江を脱して江戸へ向かった。鉄砲洲《てっぽうず》永松町の遠州屋次兵衛方に宿をとったのは、悪夢の婚礼の日から五カ月ほどすぎた延享三年九月二日である。翌三日早朝、三右衛門らは遠州屋次兵衛に同道してもらって月番だった常盤橋《ときわばし》内の北町奉行所に上訴した。じつは旅籠《はたご》の主人である次兵衛さえも、いまの火附盗賊改がだれで、役所（役宅）はどこなのか知らなかった。三右衛門が命がけで調べあげた浜島庄兵衛の「罪状書」と「捕縛願い」は、北町奉行能勢肥後守頼一の手に届いた。

能勢はこの日登城すると、訴状をただちに奏者番で寺社奉行の本多紀伊守正珍《まさよし》に上達した。本多正珍は大井川をはさんだ駿河・田中藩（藤枝市）藩主で、翌月には老中に昇格する三七歳の英主である。

かつて日本左衛門は駿府城下の商家でも押込強盗をしている。このときたまたま見廻り中の駿府町奉行所の同心が気づき、犯行現場に踏み込んで、日本左衛門の手下と斬り合いになった。日本左衛門は床几《しょうぎ》に腰を下ろして見ていたが、やがて後ろから組み止めさせると、「さても気丈な男だ。職分を守って死を決し戦うのに感心した。こんな健気《けなげ》な者を怪我させてはならぬ」と縛りあげて傍らにすわらせ、自分の盗みぶりの一部始終を見せた。日本左衛門は顔を隠すことなく、床几にすわったまま手下を指図していたという。

こうしたことは田中藩主の本多正珍の耳に届いていたかもしれない。本多は三右衛門の訴状

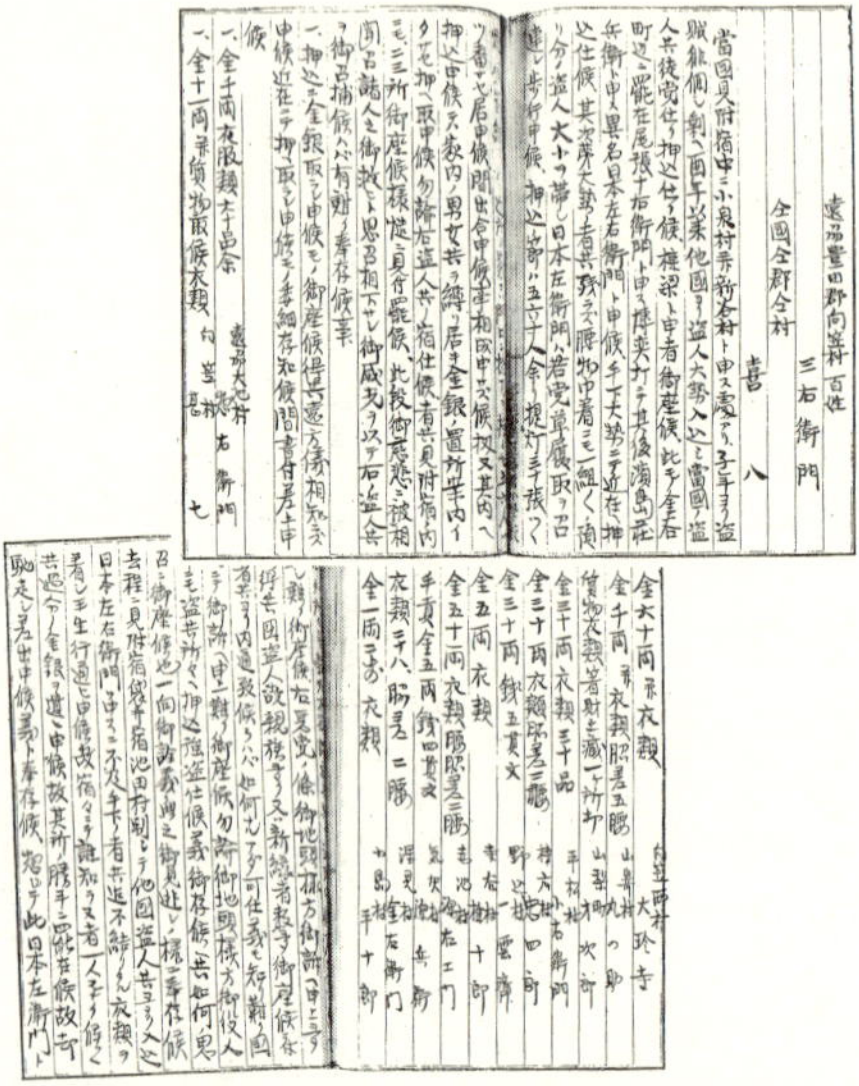

日本左衛門の犯状書　遠江の農民三右衛門は日本左衛門の犯行を調べあげて幕府へ上訴し、ただちに火附盗賊改が捕縛に出動を命じられた（「浜島竹枝記」磐田市立中央図書館所蔵）

をただちに老中堀田相模守正亮《さがみのかみまさすけ》に上申した。堀田正亮は即断した。

「火附盗賊改を遠江に遣わし、一網打尽にせよ！」

江戸城中では日本左衛門の追討は一日とかからず決まり、火附盗賊改徳山五兵衛に命令が下った。老中が発する命令は「御下知物《ごげちもの》」と呼ばれ、何物にも優先される下命であり、それが盗賊の追捕に出されたのは異例である。

この後、幕閣のなかで積極的な役割をになうのは田中藩主本多正珍である。本多は四日午後から真夜中まで一二時間ほど近習を近づけずに三右衛門と密談しているが、これは日本左衛門にからんで掛川藩・相良藩・横須賀藩や代官所、旗本ら遠江を管掌する者たちの対応ぶりをくわしく聞き出すことにあったのだろう。この後、三右衛門と喜八は本所石原町の徳山五兵衛の屋敷へ連れて行かれ、日本左衛門の捕縛に落ち度がないように綿密な打ち合わせをした。

火盗改の与力・同心

ところで徳山五兵衛がひきいた先手組は、じつは一七年前に向井兵庫が戸塚宿の強盗集団を捕縛に向かわせたのと同じ先手筒組二十番組である。与力は五騎、同心は三〇人で、一七年もたてばメンバーは代わり、すでに与力の依田佐介はいなかったであろう。徳山五兵衛は遠江遠征に磯野源八郎・小村岡右衛門・小林藤兵衛ら五名の精鋭同心を選んだ。同心にはふつう二名の小者が従うが、一名ずつであった。総勢一〇人ほどが九月一二日に二手に分かれて江戸を出立した。五兵衛はこの態勢で十分と考えたようだが、本多紀伊守はその陣容を聞くと、

「いかに捕縛の手だれであろうと、同心だけではだめだ。今日中に与力も出せ！」

と命じた。このあたりは徳山五兵衛は捕物がわかっているとは思えない。日本左衛門一味は総勢一〇〇人余。しかも三、四〇人は刀を帯びた連中である。同心は目の前の敵を倒すことはできても、敵方の動き全体をみて指揮できる与力がいなくては一網打尽はおぼつかない。先遣隊から二日遅れで与力堀内十次郎と同心立田緑助《ろくすけ》ら三人、それに小者が江戸を発《た》った。

先行した三右衛門が懸命に探索した結果、日本左衛門はときどき見附宿の賭場に姿をみせるので、ここを捕縛襲撃の場所とすることにきめた。火盗改の作戦拠点は見附宿の一つ手前の袋井宿の旅籠武蔵屋とした。先行の同心五人ほかが一七日の夕刻に投宿した。ここで与力の堀内十次郎らが増援に来ると聞くと、

「堀内殿の到着後に日本左衛門を搦め捕るのでは、われらが先遣を仰せつかった甲斐がない。われらだけで早々に見附宿に打って出ようではないか」

同心たちは血気にはやっている。与力と同心とでは幼時からの鍛練・仕付けから違っていて、まったく別の生き物である。捕物の現場では同心・小者が犯人に猪突肉迫して戦うのに対して、与力は刀を抜かずに後ろに控えていて大局を見ている。その網の目をかいくぐって逃れる者があるとき、一刀を抜き放って斬る。大捕物には与力は欠かせない。

見附宿の大捕物

火盗改一行は日本左衛門が二〇日の庚申《こうしん》の夜、見附宿西坂横町の万右衛門方で庚申待ちの博奕を開くとの情報をつかんだ。二〇日夜、見附宿へ出撃するにあたって、堀内十次郎は袋井宿の問屋（宿場の総取締役）に屈強な人足を差し出すよう命じた。三〇人あまりの若い者が手製の

槍やこん棒を手に集まった。総勢五〇人ほどになって戌《いぬ》の下刻（夜九時）、見附宿の万右衛門方を取り囲んだ。博奕は佳境に入っている。

同心の小村岡右衛門と小林藤兵衛が表戸を叩き壊して飛び込んだ。博奕に熱中しているところを襲うので、刀は抜かず十手で叩きのめす。捕物になれた小者がつづいた。燭台《しょくだい》が倒されて真っ暗闇になったなかで壁をぶち破って逃亡する者があった。裏手をかためていた人足たちはこん棒を手にしたまま動けなかった。

捕物は半時（約一時間）ほどで片がついた。博奕に興じていた日本左衛門一味一一人が反撃する暇《いとま》もなく捕らえられた。しかし肝心の日本左衛門の姿はなかった。壁を破って逃れたのが、日本左衛門であった。

堀内十次郎は同心磯野源八郎を中泉代官所へ走らせ、代官大草太郎左衛門に日本左衛門一味捕縛の「御触」を即刻出すようたのんだ。同時に見附宿の問屋・町役人に命じて、一軒一軒の町家の長持・井戸まで調べさせた。中泉代官所からは人足五〇人を出させて一帯の捜索をたのみ、さらに東海道の金谷宿から浜松宿までの六宿場に非常線を張らせた。こうした緊急の手配りを命じるのは与力の才覚で、幼時からそうした育て方をされている。

その結果、新たに一三名の手下を捕まえた。そのなかに日本左衛門の腹心である岩淵の弥七や中島順助、神職の養泰《ようたい》ら主だった者がいた。しかし日本左衛門の行方はまったくつかめなかった。日本左衛門の逃走劇と幕府の追跡劇がはじまる。

異例の全国指名手配

日本左衛門が見附宿の博奕場を脱出したのは延享三年九月二〇日の夜。これから日本左衛門が翌四年一月七日に京都東町奉行所に自首するまで三カ月半の間、幕府は総力をあげて探索の網を張りめぐらすことになる。

まっさきにやったことは全国への指名手配である。これまで主殺し・親殺しの逆罪か、幕府に対する反乱・関所破りにしか発令したことのない「御尋者」を、初めて盗賊に適用した。一〇月、各地の遠国奉行・諸国の代官所、また諸大名に布達した日本左衛門の「指名手配書」の前半部のみを示す。

「

十右衛門事

浜嶋庄兵衛

一、背五尺八、九寸程（身長約一七六〜一七九センチ）、

小袖鯨差しで三尺九寸（約一四七センチ）、
一、歳二十九歳、見かけ三十一、二歳に相見え候、
一、月代《さかやき》濃く、引疵《ひききず》一寸五分程（顔に四・五センチの傷）、
一、色白く歯並常の通り、
一、鼻筋通り、
一、目中細《ちゅうぼそ》、
一、貌《かお》、面長なる方、
一、えり右の方へ常にかたぎ罷《まか》りあり候（首はいつも右へ傾いている）、
一、鬢《びん》、中鬢、中少し剃り、元結《もっとい》十ほどまき、
一、逃げ去り候節、着用の品、……（衣服の素材・色・紋所など詳記）、
一、脇差、長さ二尺五寸（約七六センチ）……（拵え詳記）（中略）
右の者、悪党仲間にては異名日本左衛門と申し候、その身はかつて左様に名乗り申さぬ
由（当人は日本左衛門と名乗らず）（以下略）」
（『御触書宝暦集成』一四九三）

この手配書には、所持している脇差の詳細な特徴から印籠《いんろう》の蒔絵《まきえ》のデザインまで書き及んで

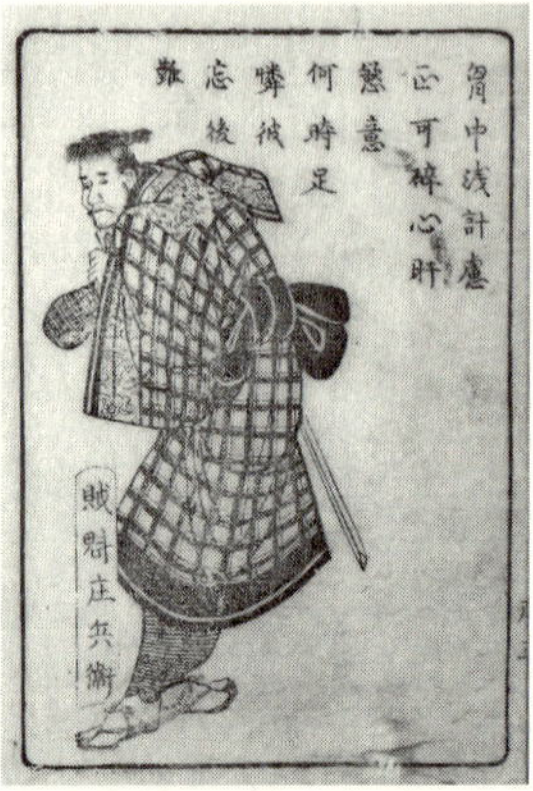

旅姿の日本左衛門（柳亭種彦『奴の小まん』早稲田大学図書館所蔵）

いて、あまりに細かすぎるため、逆に日本左衛門の印象を散漫にしかねない。

　冒頭の全体像をみると、日本左衛門は当時としては驚くほどの長身で、しかも色白の二枚目であり、そのうえ顔に五センチほどの切り傷があり、首が右に傾いている。これだけですぐに捕まるとみえたが、幕府・諸藩のどこの網にも引っかからなかった。

美濃におけるもう一つの顔

　日本左衛門はどこをどう逃げたのか。残念ながら正確なところはわからないが、伝聞・伝承・逸話などを取捨すると、次のようになる。

　延享三年九月二〇日夜、見附宿の博奕場から逃れた日本左衛門は、東海道の街道筋から離れて天竜川沿いを北上し、一気に秋葉山西麓まで走った。そこで子分万三郎の母親の手引きで国境を越えて三河に入り、さらに中山道《なかせんどう》へ抜けて美濃へ入った。

美濃には数年前から遠江とは別の日本左衛門のもう一つの顔があった。

尾張との国境である木曽《きそ》川の河港・笠松（羽島郡笠松町）には幕府の美濃郡代の陣屋があって、物流・交通の要衝として繁栄していた。ここで日本左衛門は田舎芝居の座元の円七方をアジトにし、美濃・伊勢・近江での押込強盗の拠点にしていた。その一方で笠松では「浜島竹枝」と名乗り、俳諧師《はいかいし》というふれこみで暮らしていた。「竹枝」は日本左衛門の俳名である。

じつは俳諧は心底から好きで、俳席には必ず出てゆく。中山道・太田宿（美濃加茂市）近くの加茂郡深萱《ふかがや》村（坂祝町《さかほぎ》）の富農惣十郎とはとくに昵懇《じっこん》で、ときどき木曽川沿いを約二四キロさかのぼって、その屋敷を訪れては夜どおし俳諧をたのしんだ。また深萱村の隣の武儀《むぎ》郡関村（関市）の茶屋に馴染んだ女がいて、小みよという女児を生ませていた。

しかし見附宿から三河・美濃経由で上方《かみがた》へ逃れるとき、深萱村の惣十郎や関村の茶屋女には会うことなく通り過ぎた。惣十郎も茶屋女も「浜島竹枝」が盗賊だとは思ってもいなかった。茶屋女にはずっと以前に後難を気遣って離縁状を渡している。

日本左衛門は美濃を抜けるとき、いまは笠松近くの安八《あんぱち》（安八郡安八町）から垂井《たるい》（不破《ふわ》郡垂井町）に移り住んで茶店をやっていた昔の手下の伊藤茂太夫から一五両の路銀を受け取った。

一方、京都には日本左衛門の右腕といわれた弟分の中村左膳が、いまは三千院門跡・梶井宮家に家司となって仕えていたが、ここも素通りした。

網にかからぬ逃亡の旅

幕府は日本左衛門を全国に指名手配したが、どこの網にも引っかからなかった。彼は大坂から船で讃岐《さぬき》の金毘羅詣《こんぴらもう》でをした。といっても参詣は二の次で、ここで三人の博徒から二四両をつごうしてもらった。安芸《あき》の宮島（広島県廿日市《はつかいち》市）にも立ち寄ったといい、まるで観光をたのしんでいるようだが、寺社参詣の人たちに紛れ込んで旅するのは最も安全だった。

盗賊が旅で装った人物には俳諧師とともに碁打ちがある。見知らぬ土地で初対面でも打ち解けるきっかけとして俳句と囲碁は好都合で、同好の士とわかると歓待されて宿泊をすすめられ、夜通しでたのしむ。寺などでは歓待されて長逗留《ながとうりゅう》になることもある。日本左衛門は逃亡の旅をつづけながら、俳諧もたのしんだであろう。

そして自分の指名手配書を初めて目にしたのは宮島だったという。さらに下関まで行ったが九州へは渡らず、船で備後《びんご》・鞆《とも》の浦《うら》（広島県福山市）へ引き返し、大坂へもどったのは延享三年一二月一日である。日本左衛門は年末のこの一カ月は畿内にあって、ひどく逡巡《しゅんじゅん》している。

この月の半ば、かつて「右腕」であった中村左膳が京都所司代を介して京都東町奉行所に捕らわれた。これは江戸で徳山五兵衛が岩淵の弥七を拷問して白状させた功である。

一方、日本左衛門は師走の大坂、伏見、大津、信楽《しがらき》、奈良と大きくめぐり歩き、高野山に詣《もう》でたのち、再び大坂へもどった。いよいよ決心して一二月二五日、みずから京都東町奉行所の門前に立ち自首しようとした。しかし奉行所に出入りする者が多く、そのまま立ち去ったという。日本左衛門は街道筋も宿場もあわただしいなか伊勢へ向かい、大晦日《おおみそか》に伊勢外宮《げくう》へ着いた。押込先で暴行はするが、神仏への信仰は篤い。元旦に初詣でをはたすと、翌二日には伊勢を発って伊勢路から伊賀路に入り、京都へ向かった。

三カ月半もの間、人並みはずれて長身で顔に切り傷がある指名手配の男が、これほど自由に動きまわれたというのは、江戸で発令した幕府の指名手配書に対しては、関所も各藩の口留番《くちどめ》所でも、とくに畿内以西ではほとんど無視されていて、江戸を離れると警察力はこの程度しか機能していなかったのである。

自首した日本左衛門

日本左衛門は松の内は娑婆《しやば》に身をおくつもりで、伊賀の山道をゆっくりと越え、六日に京都へ入った。そして七日、麻裃《あさかみしも》に大小を帯びて東町奉行所の門を入り、

「お尋ね者の浜島庄兵衛にございます」
と自首した。前月一七日、梶井宮家の家司になっていた中村左膳を唐丸籠《とうまるかご》で江戸に護送した
ばかりのところへ、その頭領自らが現われた。奉行所は大騒ぎになった。
「お静まりなされ。もはや逃げも隠れもいたしませぬ」
全国に指名手配しながら、幕府も諸藩も捕らえることができなかった大盗が自首してきたの
である。東町奉行永井直之はみずから取り調べ、なぜ自首したのかたずねると、親殺し・主殺
しに行なわれるお尋ね者の御触（指名手配書）を盗賊の自分に出され、町の辻々で見かけるに
及んで、天網は逃れがたいとさとり、「人に見出されんよりは、自訴せんと思定めて此如くに
候」（『甲子夜話《かっしやわ》』巻一）と答えている。
日本左衛門は厳重に警護されて唐丸籠で江戸へ護送された。その途中、中村左膳を護送して
江戸からもどる京都東町奉行所与力・神沢杜口《かんざわとこう》は大津宿で行き違った。杜口は同僚の与力にこ
とわって唐丸籠のなかの日本左衛門を観察していて、「人相書に記せる通り、人品剛健たる大
兵と見えたり」と記し、
「この連中が戦国時代に出たとしたら、大名諸侯にもなれたであろうのに、今の世だから

大盗賊におわった」（『翁草《おきなぐさ》』巻一一七）

という感想も記している。「この連中」というのは神沢杜口が江戸まで一一日間かけて護送した中村左膳も思いうかべてのことである。同じ感想は後代の平戸藩主松浦《まつら》静山と大学頭《だいがくのかみ》林述斎《じゆつさい》も、「太平に生れ逢《あ》えばこそ、盗魁《とうかい》にて終りけん。乱日に逢わば、大国をも領すべき盗質なりけん」（『甲子夜話』巻四二）と対話している。

『翁草』には京都から一〇泊一一日で江戸へ護送するというハードな旅程のなかで、町奉行所与力と盗賊との以心伝心の日々が記録されていて興味深い。中村左膳を無事に江戸の町奉行所へ送り届けた神沢杜口は、「図らず彼（左膳）を警衛せしこと、宿世《すくせ》の因なるべし、その上彼が心ざま優に健《けなげ》なるに心悼《いた》みて、不覚の涙を落としぬ」（『翁草』同）と書いている。

東海道に晒された獄門首

日本左衛門は延享四年一月二八日、江戸小伝馬町《こでんまちょう》の牢屋敷に入れられた。この後の取り調べは北町奉行能勢頼一で、次には火盗改徳山五兵衛が受け持った。日本左衛門は覚悟を決めていて、取り調べに素直に応じて罪状を認めた。すでに徳山五兵衛がすませていた中村左膳や岩淵の弥七らの供述との突合《つきあわせ》も行なわれ、早くも二月初めには老中堀田相模守へ「御仕置伺い」が出され、同一一日に相模守の名で日本左衛門および六人の手下への「差図」（判決）が下った。日本左衛門と左膳の判決は次のとおりである。

「延享四卯《うどし》年二月十一日
徳山五兵衛掛《かかり》

異名日本左衛門
無宿
十右衛門事
浜嶋庄兵衛
二十九歳

堀田相模守殿御差図
このもの儀、同類大勢申し合わせ、美濃・尾張・三河・遠江・駿河・伊豆・近江・伊勢、右八ケ国にて所々押し込み、金銀多く強盗いたし候段、重々不届《ふとどき》につき、町中引廻の上、遠州見附宿において獄門、

浪人
平四郎事
中村左膳

このもの儀、身元悪しく、親より勘当を受け、無宿にて浜島庄兵衛弟分になり、同類申し合わせて押込強盗いたし、そのうえ巧みなる絵符をこしらえ、道中往来いたし候段、重々不届至極につき、町中引廻の上、遠州見附宿において獄門、」（『徳川禁令考』後集第三）

このほか遠州見附宿の中島順助と駿河岩淵村無宿弥七も獄門、見附宿の神官養泰、池田村の百姓金兵衛と利兵衛の三人が「町中引廻の上、死罪」となった。二月一一日（一説に三月一一日）、即日七人そろって江戸小伝馬町の牢屋敷で斬首されると、日本左衛門・中村左膳・中島順助・弥七の首は遠江見附宿まで運ばれ、三本松の刑場に晒された。日本左衛門は二九年の一《いち》期《ご》であった。東海道を制した日本左衛門の盗賊団はここに壊滅した。幕府は日本左衛門が自首したおかげで、かろうじて面目を保つことができた。

半年がすぎた九月末、掛川藩主小笠原長恭《ながゆき》（六万石）が陸奥《むつ》・棚倉藩へ、また相良藩主本多忠如《ただゆき》（一万五〇〇〇石）が陸奥・泉藩へ、「盗賊取り締まり等閑《なおざり》」の咎で領地替えを命じられた。

表の石高には変わりがないが、実収高は減って左遷である。

徳山五兵衛秀栄はこの年一二月七日に火附盗賊改を解任されて先手筒頭にもどる。一年半の在任であったが、日本左衛門を獄門にしたことで名が残り、この後に数人の盗賊が各地で獄門になったが、世上ではみな徳山五兵衛の手柄にされている。

この後、日本左衛門ほど広域にわたる大盗賊集団は生まれなかった。しかし一方では、江戸はじめ諸国には小粒の盗っ人・盗賊はおびただしくはびこる。盗まれるほどの金品を持っていない大多数の庶民にとっては、盗難に遭うのが大名や、金を蓄えて使わない豪商・豪農であれば、盗賊に対して拍手喝采《かっさい》して溜飲《りゅういん》を下げた。

江戸時代も煮詰まる後代には、江戸の庶民は「義賊」の出現を切望し、その願望は「白浪《しらなみ》物《もの》」の歌舞伎群に結実する。その代表作『青砥稿花紅彩画《あおとぞうしはなのにしきえ》（白浪五人男）』（一八六二年初演）では、獄門になった日本左衛門が「日本駄右衛門《だえもん》」と名をかえ、江戸庶民のなかで「義賊」として転生する。しかし、そこに火附盗賊改徳山五兵衛の出番はなかった。

第五章　二人の長谷川平蔵

鬼平の父、平蔵宣雄《のぶお》

老中松平武元《たけちか》から田沼意次《おきつぐ》へ

徳山五兵衛が日本左衛門を獄門にかけたのは九代将軍家重の初政のときであったが、この四年後の寛延四年（一七五一）六月二〇日、大御所吉宗は六八歳で死去した。寛永寺での葬儀を取り仕切った一人が寺社奉行の大岡忠相で七五歳。この半年後には忠相も病死する。

吉宗の将軍在職は三〇年にわたり、その在職中の諸政（享保の改革）は江戸時代を前後に分かつ分水嶺《ぶんすいれい》になっている。治安・民政の面からみると、この間に町奉行を務めた者は一一人（綱吉・家継時代からの三人を含む）にすぎないのに、火附盗賊改は延べで三七人に達する。さらに九代家重の一五年には二八人、一〇代家治の二七年には五〇人である。とりわけ家治のときに多いのは数カ月で役替わりする加役（助役）が多かったせいである。

家重のときに徳山五兵衛のほかに松平帯刀《たてわき》・朝倉仁左衛門がおり、家治のときに酒井善左衛門・長谷川太郎兵衛・松田彦兵衛・長谷川平蔵（宣雄）・赤井忠晶《ただあきら》・土屋帯刀・贄正寿《にえまさとし》・堀帯刀・横田源太郎ら多士済々である。長谷川太郎兵衛は長谷川平蔵にとって本家筋の当主である。彼らが活躍した家重から家治の将軍二代にわたる約四〇年の間、幕政の中枢にあったのは初めは老中松平武元であり、ついで家重の近臣から家治のときに側用人、そして老中へ進んだ田沼意次である。江戸が上方とならぶ経済的な発展をみせたときである。

目黒行人坂《ぎようにんざか》の大火

明和八年（一七七一）、「江戸っ子」ということばが生まれた。「江戸っ子のわらんじ（草鞋《わらじ》）をはくらんがしさ」と初めて川柳《せんりゆう》に詠まれ、江戸の男が旅立つとき、やたら大騒ぎするのを皮肉ったもの。この年は約六〇年ぶりに「お蔭参《かげまい》り」が流行した年でもあり、四月から八月までの四カ月間に諸国から二〇〇万をこえる人が伊勢神宮へおしかけた。

長谷川平蔵宣雄が火附盗賊改を命じられたのは、この狂熱がようやく沈静へとむかったころ、同年一〇月一七日である。平蔵宣雄は五三歳、先手弓頭を七年務めている老練だった。年が明けて明和九年一月一五日、老中格だった遠江・相良藩主田沼意次が正式に老中となった。老中首座は将軍家重以来二五年間、老中を務める館林藩主松平武元である。

二月二九日、江戸には南西の寒風が吹きすさんでいた。午後一時をすぎたとき、江戸郊外の

『目黒行人坂火事絵巻』　数組の町火消が降りかかる火の粉や屋根瓦の中で消火にあたっている。懸命に竜吐水で放水するが猛火には届かず、火勢はいっこうに衰えない
（国立国会図書館所蔵）

目黒行人坂の大円寺から出火した。折からの強風にあおられて猛火は麻布・芝・桜田へと広がり、和田倉・馬場先から江戸城曲輪《くるわ》内の評定所や老中らの屋敷が並ぶ大名小路をも襲った。

さらに火勢は日本橋から神田・下谷《したや》・浅草・千住にまで燃え広がり、ようやく翌日夕刻にいたって鎮火したのも束の間、新たに本郷菊坂から出火があり、この火は駒込・千駄木・谷《や》中《なか》、そして寛永寺も焼尽して夜半に鎮火した。

延焼は四キロの幅で目黒から江戸城をかすめて日本橋・上野・浅草・千住まで江戸の町を約二〇キロにわたって帯状の焼け跡をつくった。延焼速度は平均で時速六〇〇メートル、時には一〇〇〇メートルにもなり、町火消は襲いくる火勢に対して懸命に家屋を破壊しつづけた。

焼尽した町数は九三四町に達し、大名屋敷一六九、旗本以下の武家屋敷八七〇五、寺社三八二、死者一万四七〇〇人、行方不明四〇〇〇人（数字に異同あり）という甚大な被害をもたらした。明暦の大火（一六五七年）以来の大火である。しかし明暦の大火のときにはなかった火附盗賊改が生まれており、その役にあったのは就任まもない長谷川平蔵宣雄、つまり平蔵宣以《のぶため》（鬼平）の父親であった。

平蔵宣雄の取り調べ

平蔵宣雄はこの大火は付け火とみて、大円寺一帯の聞き込みに与力・同心を投入した。すぐに同心の一人が大円寺周辺をいつもうろついている武蔵熊谷無宿・長五郎を捕らえ、追及すると放火を白状した。長五郎は真秀《しんしゆう》と名のる願人《がんにん》坊主であった。米銭をもらって願掛けや水垢《みずご》離《り》・参詣などを代行する坊主姿の下層民である。そんな坊主に代願をたのむ人はめったになく、江戸市中をもっぱら門付《かどづけ》したり大道芸をみせたり、また路上にあるものを盗んで暮らしている。

自供によれば、長五郎は一〇歳をすぎて武家奉公に出されたが、一四歳の春に屋敷に放火し衣類を盗んで逃げたのが悪行のはじまりだった。親元に帰っても親の衣類や売り酒を盗むなど素行が改まらず、ついに親に勘当された。その後は江戸に出て無宿の群れに入り、願人坊主の真秀と名乗って市中をうろついては町家に忍び入って盗みを働いたり、路上で人を襲って引ったくりをした。二月二九日は小火《ぼや》にまぎれて盗みをしようと大円寺で火を付けたが、見る間に燃え広がって手に負えなくなって逃げ去った。このとき真秀は二六歳だった。

ところで火付犯が火盗改の同心に早々に捕まることはよくあることだった。疑わしい者を片っ端から捕縛するからで、中山勘解由や山川安左衛門のように十分な取り調べをせずに拷問して早々に自白で決着をつける乱暴な火盗改が少なくなかった。かなりの数の者が冤罪《えんざい》で火あぶりになったと思われる。しかし、長谷川平蔵宣雄は違っていた。真秀の自白を聞くと、真偽を確かめるために大円寺へ連行して現場検証をした。境内へはどの門から入ったのか、付け火したのはどこかなど、くわしく実地で尋問したのである。

さらに平蔵宣雄は真秀の供述だけではなく、大円寺の住職にも出火時の状況を聞きただしたうえで裁こうとした。ところが住職は寺の焼失後、すぐに寺社奉行の許しを得て寺の再建のため勧進・廻国の巡礼に旅立ってしまっていた。そのため被害者と容疑者の双方の言い分を確かめる「突合《つきあわせ》吟味」はできなかった。平蔵宣雄はこのため、

「真秀の口ばかりにては、虚実の程疑わしく、私方《わたくしかた》（火盗改）ばかりにて吟味し相決し難く、奉行（町奉行）へ引き渡し候様《そうろうよう》、伺い奉り候」

（「明和九年出火記録控」）

と、真秀の自供だけで火罪（火あぶり）にすることをためらい、老中松平武元に町奉行の判断を願い出ている。平蔵宣雄の一連の取り調べには優れた弁護士のもつ配慮があり、事実認定に並々ならぬ真摯《しんし》さがある。これは異例で、ほかの火盗改には見られない。

松平武元は平蔵宣雄の取り調べが行き届いており、町奉行に判断を求めるには及ばないとした。真秀は「重々不届至極《ふとどきしごく》につき、町中引廻し、五カ所に科書《とがが き》・捨札これを建て、浅草において火罪申し付くべき旨、松平右近将監《うこんしょうげん》殿（武元）これを仰せ付けらる」（同前）として、捕縛二カ月後の六月二一日に小塚原で火あぶりになった。

「明和九（迷惑）」から「安く永く」へ

この目黒行人坂の火事は明暦の振袖火事、文化期の車町火事（一八〇六年）とともに「江戸の三大火事」と呼ばれるが、火事の原因が放火とはっきりしていて、しかも犯人が捕らえられた唯一の大火である。おのずから火附盗賊改・長谷川平蔵宣雄の評判は高くなったが、彼自身は淡々としていた。

この明和九年という年は、二月の江戸大火ののち、七月から八月にかけては九州、東海・関東、中国・四国・近畿《きんき》・東海と、波状的に暴風雨と洪水が町や村を襲い、数多くの家屋を倒壊、田畑を流失させた。前々年・前年と三年つづきで農作物は実りの秋を迎えられなかったのである。幕府は一一月一六日、人心を一新するため「明和」を「安永」と改元した。

年号は安く永しと変われども
諸色高直《しよしきこうじき》いまに明和九《めいわく》（迷惑）

物価は高値のままで暮らしは苦しく、江戸庶民の間でこんな落首が広まった。

この改元の行なわれる一カ月前の一〇月一五日、長谷川平蔵宣雄は火附盗賊改を免じられ、京都西町奉行に抜擢された。父の京都赴任には二七歳になっていた嫡男の平蔵宣以も妻子をともなって従い、京都千本通の西町奉行所役宅に入り、父宣雄とともに暮らす。

鬼平・長谷川平蔵宣以が、のちに火附盗賊改として活躍するのは、火盗改・京都町奉行としての父・平蔵宣雄の仕事ぶりをつぶさに目にしていたことがある。平蔵宣雄が京都町奉行の役にあったのはわずか八カ月ほどで無念にも病死するが、「鬼平」が誕生するうえで大きな影響力のあった京都での仕事ぶりはどんなものだったのか。

「鬼平」の京都修業

京都には東西の両町奉行所があったが、長谷川平蔵宣雄が就任した西町奉行所は東町奉行所よりも格上にみられていた。ともに市政全般を担当しているが、京都特有の門跡寺院や古い寺社がかかわる争訟は西町奉行所が専管することになっていた。

由緒のある係争者は平安・鎌倉時代からの権利書や慣習を持ち出してきたりして、裁きには難題が多かった。しかも寺社には弁論・口論の達者が多く、日ごろから自己の利益・理屈を押し通すのに熟達している。平蔵宣雄の行き届いた取り調べぶりをよく知っていた老中松平武元が、適任者とみて白羽の矢を立てたのだろう。宣雄は従五位下・備中守《びっちゅうのかみ》という大名並の官位を与えられて赴任した。

長谷川宣雄は審理のとき両者の言い分を十分に言わせ、無言で耳を傾けている。双方の弁論が終わると争論の筋道を整理し、証拠の品を一つずつ道理をもって検証し、その日のうちに毅然と裁決した。その裁きぶりは快刀乱麻を断つごとくで、東町奉行所が四、五件の事件を処理する間に、西町奉行所は二〇件以上も裁くと評判になった。

また宣雄は質素な暮らしが身についており、これは京都でも変わることなく、地付きの与力・同心は宣雄に心服・感化されて奉行所内の奢侈《しゃし》の風が改まった。ところが赴任八カ月後、安永二年（一七七三）六月二二日、宣雄は病を得てとつぜん亡くなる。病が何だったのかは不明である。五五歳であった。客死しなければ江戸の町奉行に進んだと思われる。

父宣雄の急死で嫡男宣以への家督相続の末期《まつご》願いについては、京都東町奉行だった酒井善左衛門忠高が円滑に処置してくれた。酒井は長谷川宣雄より一〇年先に火附盗賊改を務めあげ、奈良奉行をへて三年前から京都東町奉行に就いていた。三〇歳年下の平蔵宣以のために「判元見届」をぶじにすませている。宣雄の後任の京都西町奉行には山村良旺《たかあきら》が決まり、平蔵宣以は妻子・家臣を引き連れて江戸にもどることになった。いよいよ西町奉行所を立ち去るというとき、与力・同心らが見送りに出たところ、平蔵は、

「各々方《おのおのがた》御堅固に御在勤あるべし。后年《こうねん》、長谷川平蔵と呼ばれては、当世の英傑と世に言われんことを思う。（中略）各々方御用として参府あらば、必ず訪《とむら》わせらるべく候、と暇《いとま》乞《ご》いいたしける」

（『京兆府尹記事《けいちょうふいんきじ》』）

奉行の平蔵宣雄には敬服していたものの、二八歳の若造といってよい息子から別れぎわにいきなり「わしはいずれ当代の英雄豪傑となるから、江戸に来たときは屋敷に参られよ」と言わ

れたのでアッケにとられた。平蔵が京都西町奉行所に暮らしたのはわずか八カ月だったが、大きな「自負」を言い放つほどに成長して江戸へもどる。

平蔵の先輩・同僚たち

要領のよさで出世

ところで平蔵宣雄の火附盗賊改退任から、子の平蔵宣以の火盗改（助役）就任までの間には一五年の間がある。この間、延べにして二六人（実数二〇人）の火盗改が次々と入れ替わった。ここで長谷川平蔵の少し前の先輩たちについてふれておきたい。多くが半年から一年程度の在職で、平蔵の足掛け九年には遠く及ばないが、そのなかで比較的長期間在任したのが贄正寿の五年七カ月と、堀帯刀の三年五カ月である。

火附盗賊改は役高一五〇〇石・役料四〇人扶持（のち六〇人扶持）であるが、出費が多い役目なので、二～三年も務めると実入りのよい遠国奉行に役替えになるのが通例であった。贄正寿は堺奉行に転出した。堀帯刀も奈良奉行を打診されたが、母親が江戸を離れたくないという理由で断わっている。
このころ二年九カ月務めた菅沼定亨《さだゆき》が奈良奉行、二年二カ月の土屋守直は大坂町奉行、一年二カ月の赤井忠晶は京都町奉行と、平蔵の先輩たちはちょっと長めに火盗改を務めると次々と栄進している。この時期の火盗改の勤務ぶりについて、三田村鳶魚《えんぎょ》はこんなことを記している。

「安永・天明度の赤井越前守（忠晶）・土屋帯刀（守直）などの時分になりますと、ただよく回るとさえ思われればいい、ということになって、御老中以下重い御役人の屋敷、羽振りのいい人達の屋敷の辺へ来ると、一々何の某《それがし》只今巡回致します、ということをお届けする。その御屋敷へ断るのです」
（「火付盗賊改」）

本来、犯罪の発生防止・取り締まりのために巡邏《じゅんら》するのに、平蔵宣雄の三カ月後に火附盗賊改に就いた赤井忠晶は犯罪の起きそうもない江戸城曲輪《くるわ》内の大名屋敷の並ぶ区域を巡回し、自分が見廻ったことをいちいち報告するという。こんな見えすいた追従でも功を奏して、赤井は京都町奉行へ、土屋は大坂町奉行へ昇進したのである。しかし、こんな要領のいい火附盗賊改ばかりではない。先手組という武闘部隊は御頭《おかしら》しだいで、まったく別の組織になる。

人望を集めた贇正寿

大坂町奉行に栄進した土屋帯刀に代わって火盗改に就いた贇正寿は、役歴が異例ずくめである。まず家祖からして関ヶ原の戦いで秀忠の上田城攻めに従って真田軍と勇猛に戦ったが、抜け駆けとされて、秀忠から切腹を命じられた。しかし、とりなしがあって一命を許されて追放となり、のち秀忠の弟頼宣《よりのぶ》に召し抱えられて、御三家紀伊藩の家臣となった。贇正寿の二代前の正直のとき、紀伊藩主吉宗が八代将軍として江戸城に入ったのに従い、紀伊藩士から幕臣へと取り立てられた。家禄は三〇〇石。

贇正寿は一一歳で将軍家重の御伽《おとぎ》となり、一五歳のときには小姓となった。同役から武蔵・岩槻藩二万石の大名にまで成り上がった大岡忠光《ただみつ》ほどではないが、正寿も言語不明瞭な家重の意に応えられたのだろう。この年齢で官位だけは大名並の従五位下・壱岐守《いきのかみ》となり、翌年に一七歳で家督三〇〇石を継いだ。

この後、一〇代将軍家治に仕え、武芸は達人の域に達して、とくに疾駆する馬上から弓を射るのに長《た》けていた。安永七年、三八歳で先手弓頭になり、翌年一月、火附盗賊改を命じられて、天明四年（一七八四）七月まで五年七カ月の長い間、この役にあった。

この間、贇正寿は自身が江戸・関東で取り締まった犯罪記録『御仕置帳《おしおきちょう》』を遺している。ちょうど浅間山の大噴火があり、天明の大飢饉《だいききん》に襲われたときにあたっている。しかも、贇正寿が先手頭であった先手弓組二番組は、二年後の天明六年七月に先手頭となる長谷川平蔵がそっくり受け継ぐ先手組である。

三四組あった先手組のなかには一度も火附盗賊改を命じられたことがない組もあるが、そんななかで弓組二番組は最も多い一〇人の火附盗賊改にひきいられたことのある精鋭組であった。長谷川平蔵が火盗改になる直前、贇正寿が直面していた世情、そして彼が裁いた犯罪はどんなものだったか、その記録『御仕置帳』を見るとよくわかる。

当時、江戸で最も多発していた犯罪は強盗・窃盗・賭博であるが、『御仕置帳』には強盗・窃盗にかぎってだが、五年余の間に捕らえた三二七人の犯行・処罰だけでなく、犯行時の年齢・身分・出生地・父母の生死までが記録されている。三二七人中、盗品の売買で捕まった質屋など三九人を除いた盗みの実行犯二八八人は、獄門・火罪（火あぶり）から入墨・敲《たたき》などまでうけたが、個々の処罰理由がくわしく記されている。

また『御仕置帳』からわかることだが、天明の大飢饉のさなかに江戸で捕らえた強窃盗犯二八八人のうちの二一三人（七四パーセント）が「無宿」であり、さらにそのうちの一六四人（七七パーセント）が一三～一九歳である点で、江戸市中の犯罪状況が具体的にわかる。彼らは両国や浅草・上野山下などの雑踏で巾着《きんちゃく》・腰銭・袂銭《たもとぜに》を抜き取る小盗（スリ）で捕まって敲・入墨の刑を受け、その後は家・蔵への押込と犯行をかさね、やがて死罪・獄門へと至る。

贄正寿の『御仕置帳』から江戸の犯罪者の履歴がうかがえ、天明期（一七八一～八九）に火附盗賊改が無宿者の犯罪の対応に忙殺されていたことがわかる。しかも有効な手を打てないまま寛政期（一七八九～一八〇一）の松平定信と長谷川平蔵の活動、すなわち「人足寄場《にんそくよせば》」のプロジェクトへ引き継がれていく（後述）。

なお余談であるが、贄正寿は火盗改としての活躍が評価されて、天明四年七月、堺奉行へ栄進する。さらに一年後には大坂町奉行に抜擢と思われたが、堺の人々の間で留任を嘆願する運動がおこった。幕府は一〇〇石を加増して家禄四〇〇石とし、贄の堺奉行留任を認めた。住人の嘆願によって遠国奉行を留任させた例はほかにない。贄はそのまま江戸にもどることなく、寛政七年、五五歳で病死し、堺の名刹南宗寺《なんしゅうじ》に葬られた。

血まみれの「横田棒」

贄正寿が堺奉行に転任後に火附盗賊改になったのは、贄とは対照的な「荒者」として名高い横田松房《としふさ》、通称源太郎である。しかも贄正寿がひきいていた先手弓組二番組を引き継いだ。火盗改には中山勘解由・山川安左衛門・藤懸伊織など、名高い荒者・猛者が何人もいるが、横田は彼らとは異質の苛烈な取り調べで恐れられた。

横田は日ごろから探索に熱心で、江戸の街道口にあたる品川・板橋・新宿・千住の四宿を見廻っては怪しい者・無法の者を捕らえて取り調べた。当時、容疑者への拷問は『御定書百箇条』できびしく制限されていて、町奉行所ならば町奉行の許可がないとできないが、凶悪犯を相手にする火附盗賊改には制約がない。横田は一般の拷問では効果的でないとして、独自に「横田棒」といわれる責め具を考案した。何の変哲もない一尺（約三〇センチ）ほどの棒であるが、ときに罪状を認めない者がいると、これを「石抱」のときに併用した。

石抱は容疑者を十露盤板《そろばんいた》と呼ぶ山形に組み合わせた板のうえに正座させ、膝の上に伊豆石（一枚四五キロ）を何枚も重ねる拷問だが、横田は横田棒を折り曲げた膝の後ろに差し挟んで伊豆石を載せた。自白しなければ膝が砕けて「支離膝行《しりしっこう》」（歩行不能）になるか、出血多量で死ぬ。

この拷問に抗《あらが》った男がいる。江戸には「スイホウ（粋方）」と呼ばれる男伊達を看板にして悪党をたばねる元締めがいた。自身は悪事にかかわらず、身代わりになって捕まる。きびしい取り調べをうけるが、当人は悪事に関係ないので、いずれは釈放される。スイホウは江戸に数人いたが、最も名を売っていたのは神田の「下駄定《げたさだ》」であった。横田は下駄定を捕らえると、石抱で責めたが自白しない。横田棒を下駄定の折り曲げた膝裏に入れて、再び石抱をつづけた。

「(下駄定は)一言の陳謝白状にも及ばず黙然たり。膝に石を積む事十六枚、骨砕け血迸《ちほとばし》り、目も当てられぬ有様なり。遂に下駄定責め殺さる、斯《か》く罪科未決の者、余多《あまた》死亡に及ぶにより、傍人諫《いさめ》て其後彼の棒は止みにけり」(『翁草』巻一六〇)

下駄定は責め殺され、ほかにも罪状不明のまま命を落とす者が多かったので、同僚から注《ちゅう》諫《かん》されたのだろう、横田棒は中止になった。『翁草』を書いた神沢杜口《かんざわとこう》は京都東町奉行所の与力であり、横田の拷問は京都にまで知られていたのである。

横田が火盗改を務めたのは天明四年七月から同五年一一月までの一年三カ月余りであったが、当初は贄正寿がひきいていた先手組を継承したが、二カ月余りで組替えを命じられた。贄正寿の配下だった与力・同心は横田の乱暴な取り調べ方を拒絶したのではないだろうか。この弓の二番組が一年半余ののち長谷川平蔵に引き継がれるのである。

一方、横田は天明五年に火盗改から作事奉行に昇進して大和守《やまとのかみ》を叙任し、さらに新番頭に転じている。「横田棒」は周囲から恐れられたが、幕閣内ではけっしてマイナス評価ではなく、先手頭一五〇〇石より役高の多い二〇〇〇石の役職に昇進した。

平蔵の前任者堀帯刀

横田松房に代わって火附盗賊改に就いた堀帯刀秀隆は四年前に冬季の助役を務めたことがあり、再任して天明五年一一月から同八年九月までの二年一〇カ月と比較的長い間、本役に就いた。この間、助役となるのが長谷川平蔵である。

火盗改というと江戸市中では「泣く子も黙る」と恐れられた猛者ぞろいであったが、数多い火盗改のなかには先祖の武勇は薄れ、凶悪な悪党と渡り合う気迫に欠ける者もいた。御頭が柔弱だと配下の与力・同心も力が抜けて、その先手組の戦闘力は失落する。

江戸の治安・警察が突如、弱体化したのは天明七年六月、松平定信が田沼意次の失脚によって老中首座に就いて大幅な人事刷新を行なったせいである。まず意次の息のかかっている者を排除し、「清廉潔白」を尺度にして新政権の要職にすえた。このため確かに清く正しいが満足に仕事ができない無能な役人が何人も生まれた。

堀帯刀は家禄一五〇〇石で、長谷川平蔵の四〇〇石よりはるかに多いが、同僚の間では「極貧」として名高かった。それというのも家政を取り仕切っている用人に家禄の多くを巧みに横領されていたからである。

「帯刀は寒中に綿入れを着てコタツで震えているのに、用人は身代《しんだい》豊かで女を囲っている。帯刀はひたすら気がよくて用人が私腹を肥やしているとは思いもよらない」

（『よしの冊子《ぞうし》』三）

「強将の下に弱卒なし」というが、こんな御頭だったから堀の先手弓組一番組は士気があがらなかった。あるとき堀組の同心が麴町《こうじまち》の路上で無法な陸尺《ろくしやく》（駕籠舁《かごかき》）を縛ろうとしたが、逆に押さえつけられて縛れなかった。同心はこのことが表ざたになるのを恐れ、謝ったうえに詫《わ》び証文を書いた。これがのちに知れて、同心は入牢《にゅうろう》になった。

堀帯刀は天明八年九月、三年近く務めた火附盗賊改を役替えになった。ふつう次には家計がうるおう遠国奉行、なかでも堺奉行や奈良奉行など役得の多いポストに任命される。帯刀も奈良奉行への転役を打診されたが、「江戸を離れては年老いた母が嘆く」と辞退し、先手頭から持筒頭《もちつつがしら》を命じられた。この役替えのときにようやく横領をつづけていた用人に暇を出した。

なんでもっと早く解雇しなかったのかと、周囲は他人事ながらくやしがっている。その一方で帯刀は正妻を離別し、後妻をつぎつぎと四人も迎えている。

与力・同心をカネでまるめる御頭

堀帯刀に代わって火附盗賊改の本役に就いたのが、それまで助役を務めていた長谷川平蔵であり、代わって平蔵の助役になるのが松平左金吾定寅《さきんごさだとら》である。長谷川平蔵の活躍をみる前に松平左金吾について述べておきたい。本役と助役という関係や、先手組の与力と同心がどのような立場なのか、よくわかるのである。

松平左金吾は老中首座の松平越中守定信と同族の久松松平氏（家康と同母弟の家系）であり、左金吾はそれを鼻にかけて同僚との話に気安く「越中は……」とか「越中に内々に聞いてみよう」などと老中の名を出すので敬遠されていた。家禄は二〇〇〇石と大身の旗本で、役高一五〇〇石の火附盗賊改はふつうならば役不足で喜べないところだが、左金吾はカブキ者の一面があり、番方旗本のトップ職であるこの役に就くことを願っていた。

左金吾は天明八年一〇月六日、火附盗賊改の加役（助役）を拝命すると、同僚の先手頭のまえで「これまでの火附盗賊改の勤め方はよろしくない。考え違いが多いので、拙者はこれを改める」と大見得をきった。彼は演説好きで同僚の間では理屈っぽいことで知られていたが、屁理屈であることが多かった。

「われわれ火附盗賊改は悪党が火付け・強盗をする前に捕えるのが第一の心得である。御膝元の江戸に放火犯・盗賊がいないようにするのがわれわれの務めで、それについては江戸中の無宿が極悪なので、残らず召し捕ること。すべての首を斬るには及ばないが、佐渡へ金堀人足として送ることだ」（『よしの冊子』六）

と単純明快ではあるが、現実的ではない。左金吾がひきいた先手筒組八番組は与力が五騎、同心は三〇人で、いよいよ火盗改として初仕事の日、与力・同心を前に一席打とうとしたが、一一人の同心が病気を理由に役宅に出勤してこない。同心らの様子を調べると、家族が多くて困窮して出勤もままならぬことがわかった。

左金吾がとった解決策はカネに困ったことがない者が思いつく、やはり単純明快な方策で、一一人に三両ずつ与えた。同心はみんな出勤するようになった。左金吾はさらに五ツ（午前八時）前に出勤した与力・同心には朝飯を食わせることにした。

「左金吾は高禄ゆえ勝手もよろしく、組下の手当など至って宜しい。外の先手頭はなかなか組下の手当は行き届かないのに左金吾一人がよくって困ると言っている由」

（『よしの冊子』一一）

こんなことをされたら本役の長谷川平蔵はもちろん、他の先手頭も与力・同心の扱いに困るだろうが、左金吾にはそうした配慮は天から抜け落ちていた。冬季だけの助役であるが、この御頭・与力・同心で凶悪な放火犯・強盗に一団となって立ち向かえるのか心配である。

与力・同心の出勤

ところで火附盗賊改の役所はこの役目を命じられた旗本の拝領屋敷が役宅となる。旗本の拝領屋敷の面積は元禄六年（一六九三）の定めでは、家禄八〇〇〇石以上は二三〇〇坪、五〇〇〇石以上一八〇〇坪、三〇〇〇石以上一五〇〇坪、二〇〇〇石以上一〇〇〇坪、一〇〇〇石以上七〇〇坪、一〇〇〇石未満が五〇〇坪以下というのが一応の目安であった。

火附盗賊改を命じられるのは三〇〇〇石から一〇〇〇石以下の旗本が多い。松平左金吾は家禄二〇〇〇石だから、ふつうならば屋敷地は一〇〇〇〇坪程度だが、家康の同母弟という家筋ゆえか二五〇〇坪もあって、建物も一、二万石の大名のようだったという。屋敷内には与力・同心の執務室のほか、仮牢・白洲などを備えなければならず、与力・同心は組屋敷から出勤する。

先手組三四組の組屋敷は江戸市中の二四カ所に散在していて、通勤距離はさまざまである。松平左金吾の屋敷は麻布百姓町（港区元麻布）にあり、配下の先手筒組八番組の組屋敷は運よくすぐ近くの麻布我善坊谷《がぜんぼうだに》（麻布台）で一キロほどと職住至近であった。これなら火急の出撃も可能だし、また組屋敷で朝飯をつくるより出勤してタダ飯を食ったほうが早い。

これほど恵まれた通勤距離は珍しいことで、たとえば長谷川平蔵の場合は、配下の先手弓組二番組の組屋敷は目白台（文京区）にあり、与力・同心は本所菊川町（墨田区）の役宅まで一〇キロ余りも歩かなければならない。多くの先手組の与力・同心はこれがふつうである。町奉行所の与力・同心が八丁堀から両町奉行所へは二キロ程度であったのと大違いである。

ところで左金吾は当初、市中見廻りを暮れ時（夕方六時ごろ）から四ツ（午後一〇時）までと、さらに夜廻りを八ツ（午前二時）から明け六ツ（午前六時）までしていたという。就任早々には左金吾は「いずれは町奉行になるだろう」と評判が高かった。

しかし四年にわたって三度の助役を務める間に評判も評価も落ち、三度目の助役のときには、左金吾は誤認逮捕のうえ取り調べがきびしく、「左金吾様はいやじゃ。同じ縛られるなら長谷川様にしたい。左金吾様はひどくて、やたら叱《しか》られる。平蔵様は叱ることもなく、打ち叩きもなされぬ」（『よしの冊子』一六）といわれた。血縁でつながる老中松平定信には依怙贔屓《えこひいき》されることもなく、寛政四年に火附盗賊改助役を解任された。

話を父宣雄の病死で長谷川平蔵が京都から江戸にもどった安永二年夏にもどす。

火附盗賊改長谷川平蔵

「長谷川平蔵」の原像

京都から帰った長谷川平蔵宣以は安永二年九月八日、二八歳で家督四〇〇石を継いだ（平蔵宣以の生年については延享二年説があるが、嫡男辰蔵宣義《たつぞうのぶのり》の死亡届にもとづき延享三年とする）。旗本・長谷川平蔵家は徳川氏からみて、どういう家柄だったのか。

長谷川家の祖・正長《まさなが》は駿河国益津郡《ましづ》（今の藤枝市）の土豪で今川義元に従っていたが、義元が桶狭間で討死して今川氏が衰亡すると、徳川家康に仕えた。三方ヶ原《みかたがはら》の戦いがあったのは元亀三年（一五七二）一二月。家康三一歳、正長は三七歳であった。

家康は武田信玄二万五〇〇〇の大軍の前に大敗を喫し、浜松城へ敗走した。武田の騎馬勢が怒濤《どとう》のように追撃してくる。家康の側近夏目吉信や鈴木久三郎は家康の鎗《やり》や軍配を手にして身代わりとなり、迫りくる武田勢を引き受けて戦い討死した。そのなかに長谷川正長もいた。

家臣たちの身命を犠牲に浜松城に這《ほ》う這《ほ》うの体《てい》で逃げ帰った家康は、恐怖のせいで馬上で糞を垂れ流ししていたという。この敗戦を肝に銘じるため、家康はすぐさま恐怖におびえる自分の姿を描かせた。『三方ケ原戦役画像』、通称「顰像《しかみぞう》」といわれる上の図である。

『三方ケ原戦役画像』 別名「顰像」とよばれる徳川家康像
（徳川美術館所蔵©徳川美術館イメージアーカイブ／DNPartcom）

三方ヶ原での正長のこの必死の最期が、数多くの幕臣のなかにあって長谷川家を二〇〇年余にわたって武勲の家系として畏敬《いけい》させることになった。

長谷川平蔵家の家督が四〇〇石と少ないのは正長の嫡男系ではなく、次男の家系だったからである。

本家は一七五〇石（分与して一四五〇石）で、名の通字を本家は「正」、次男家は「宣」とした。平蔵より三六歳年上の本家の太郎兵衛正直も武術に秀でていて、吉宗はその騎射・歩射・水馬を上覧し、つねに鷹狩に従わせた。太郎兵衛も先手弓頭・火附盗賊改を務め、長谷川氏は武功の家として知られた。幼い平蔵は本家の太郎兵衛を模範にして武芸に励まされた。

平蔵の就職

平蔵は二三歳のとき将軍家治の御目見を得ており、二八歳で家督を継承すると、お定まりの小普請《こぶしん》入りとなった。役職に就くまでの待機組であるが、その間、かつての無頼にもどり酒と遊興に没入した。しかもハイティーンだった昔とちがって、こんどは倹約家だった父が遺してくれた金があった。

「この人、闊達の生まれ付きゆえ、父備中守倹約を専らとして貯え置きし金銀も遣いはたし、遊里へ通い、あまつさえ悪友と席を同じうして、不相応の事など致し、大通《だいつう》といわれる身持をしける。その屋敷本所二ツ目なりければ、本所の銕《てつ》と仇名《あだな》せられ、いわゆる通りものなりける。銕と云いしは如何かと聞くに、幼名は銕蔵《てつぞう》（銕三郎）といいしいわれなり」

（『京兆府尹記事』）

一〇年前に土地のならず者の間で名と顔を売った「本所の銕」がまた帰ってきて、ワル仲間とつるんで遊んだのである。このとき霧消した大金は平蔵が火附盗賊改の役目についてから有形無形の財産となる。平蔵は七カ月間の小普請支配ののち、安永三年四月一三日、二九歳で西の丸書院番士についた。小姓組番士とならぶ旗本の出世コースであり、家祖正長の武勲がこういうところに生きている。翌四年には西の丸進物番《しんもつばん》、さらに西の丸徒頭《かちがしら》、そして四一歳で旗本の番方として最上位の先手弓頭を命じられた。家禄は四〇〇石であるが、役高が一五〇〇石になり、別に役料六〇人扶持が支給された。

この異例に早い栄進は初めは松平武元、ついで田沼意次という二人の老中首座にひきたてられたからで、これは父平蔵宣雄の余慶といってよいだろう。先手頭には与力五～一〇騎・同心三〇～五〇人が従うが、平蔵がひきいた先手弓組二番組は与力一〇騎・同心三〇人であり、二年前まで贄正寿がひきいた、三四組ある先手組のなかでも第一といってよい精鋭部隊であった。

田沼意次から松平定信へ

長谷川平蔵が先手頭に就任して一カ月後の天明六年八月二五日、将軍家治が急死した（公表は九月八日）。翌々日、田沼意次は失脚し、老中を解任された。この後一年間、幕閣の間では田沼派と松平定信派の暗闘がつづく。そのさなかの天明七年五月、江戸と大坂で大規模な「打ちこわし」が起きた。銭一〇〇文で一升以上買えた米が二〜三合しか手に入らなくなり、やがて米屋は売らなくなったからである。

江戸では五月下旬のわずか五日間に五〇〇〇人をこえる群集が市中に蜂起して無政府状態に陥り、札差《ふださし》・米屋九八〇軒、さらに酒屋・質屋・油屋など暴利をむさぼっていた豪商・商家約八〇〇〇軒が襲撃された。幕府はじまって以来、江戸市中における大騒擾《だいそうじょう》で、町奉行所の手に負えず、先手頭一〇人に出動を命じ、長谷川平蔵も選ばれて鎮圧の先頭に立った。

このときの平蔵の活躍はめざましかった。半月後の六月にようやく鎮定すると、松平定信が老中首座となって寛政改革に着手し、新政権の陣容をがらりと入れ替えた。田沼派の大老井伊《いい》直幸《なおひで》・老中松平康福《やすよし》・水野忠友らは追い出され、定信に忠実な松平信明《のぶあきら》・松平乗完《のりさだ》・本多忠《ただ》籌《かず》を老中にすえた。諸奉行も田沼色に染まっていない「清廉潔白」を目安にして選ばれた。そのため多くの役職で清潔だが仕事ができない役人が生まれた。

町奉行は曲淵景漸《まがりぶちかげつぐ》に代わって柳生久通《やぎゅうひさみち》・初鹿野信興《はじかののぶおき》という力不足の奉行が誕生した。例外は佐渡奉行から勘定奉行（のちに南町奉行）についた根岸鎮衛《やすもり》と、三四人いる先手頭から火附盗賊改に抜擢された長谷川平蔵である。平蔵については、田沼意次の信任が厚かったのは広く知られていたので、「長谷川平蔵がようなものをどうして加役に仰せ付けられ候やと疑い候さた」（『よしの冊子』一）と、旗本の間で驚きが広がり、口々に不平を言うものが多かった。

定信としては町奉行におとなしい者をすえたぶん、江戸と関東一帯に多発している騒乱と凶悪な強盗犯罪を取り締まるには、先の江戸打ちこわしのさいに見せた平蔵の取り締まりの巧みなことから、数多い先手頭から平蔵を抜擢したのだろう。平蔵は天明七年九月一九日に火附盗賊改加役（助役）、さらに翌年一〇月二日には堀帯刀秀隆に代わって火附盗賊改本役（定加役）に就くと、まさに水を得た魚のようにめざましい活躍をする。

平蔵の遺した判例

長谷川平蔵は天明七年から九年にわたって火附盗賊改の役にあり、この間に数多くの火付・盗賊・博奕犯を捕らえて裁いた。すべてではないが、大事な事件については幕府の裁判記録『御仕置例類集』（古類集）に記録されている。

『御仕置例類集』は町奉行・火附盗賊改だけでなく、京都町奉行・大坂町奉行・長崎奉行などの遠国奉行、勘定奉行・関東郡代・道中奉行など、すべての奉行から老中に出された「御仕置伺い」について、評定所（老中・寺社奉行・町奉行・勘定奉行・大目付らによる幕府の最高裁判機関）

で評議・裁定した重要な判例を編纂《へんさん》したものである。時代ごとに「古類集」「新類集」「続類集」「天保類集」「新々類集」の五集・全二四二冊が伝存したが、最後の「新々類集」は関東大震災で焼失した。

最初の「古類集」（三〇冊）には明和八年（一七七一）から享和二年（一八〇二）まで三二年間の「御仕置例（判例）」一二三〇八件（延べ件数）が収められ、長谷川平蔵が扱った仕置例も二〇一件が収められている。全体の一割近くを平蔵の判例が占めているのは驚くべき数である。

さらに『徳川刑事裁判例集』ほかにも、重複もあるが一九件の判決がある。総計二二〇件、しかもこれはむろん長谷川平蔵が裁いた事件のすべてではない。平蔵が与力・同心を叱咤《しった》し、自らも市中へ出張って多くの犯罪容疑者を捕縛する一方で、いかに老中にあててたくさんの「御仕置伺い」をせっせと書いていたか。これは先任の贄正寿が鍛えあげた有能な与力・同心がいたせいもあるが、驚嘆にあたいすることである。

しかもその多くが判例として後代の参考とされたのである。平蔵は「捕り物上手」だっただけでなく、「裁判上手」でもあって、桁《けた》外れにたくさんの判例を遺したのである。この大量に遺された「御仕置伺い」をとおして、長谷川平蔵の実像と活躍した時代を見てみたい。

村の何でも請負人大助

長谷川平蔵が火附盗賊改本役について最初に受け持った大きな事件は、江戸から遠い上野《こうずけ》国定村の百姓大助の一件である。

天明八年三月一〇日夜、上野国佐位郡国定村（群馬県伊勢崎市）の百姓金右衛門方に盗っ人が忍び入った。脇差と衣類が盗まれたが、金右衛門は寝ていて気づかなかった。国定村は幕府直轄領だが、金右衛門は代官所へ訴え出たところで盗っ人が捕まる見込みはないと考え、同じ村の大助に犯人の探索・追捕をたのんだ。大助はカネで何でも請け負う男である。

大助は百姓であるが、田畑を耕すのはとうにやめていて、もっぱら仲間と組んで上州のよその村々へ盗みに出て行く。押し入るのは中小の農家で板壁を切り破ったり、戸をこじ開けて忍び込むと、米や雑穀・農具などを盗んでは売って稼ぎにしていた。金右衛門としては盗っ人を捕まえるには盗っ人にたのむのが早いと考えたのである。盗まれた脇差に格別の未練があって、柄《つか》や鞘《さや》の拵《こしら》えの細工や飾りをくわしく話し、取り返してくれるようたのんだ。

大助は隣村の三次郎ら手下をひきつれて手掛かりをさがし歩いた。盗っ人だけがわかる網がある。三月一五日に中山道の安中《あんなか》宿まで来たところで、国定村の新六の長男で勘当になっている彦助を見つけた。腰に帯びている脇差は金右衛門から聞いていた拵えとそっくりだった。大助は彦助をしめあげ、金右衛門方に忍び込んだことを白状させ、脇差を取りもどした。大助は彦助を代官所へ引き渡す気はなく、三次郎を国定村へ走らせて、父親の新六に倅《せがれ》の扱い方を問い合わせた。何がしかの礼金めあてである。新六は勘当息子を引き取りたいという。

ところが新六の前に現われた彦助は、すっかり悪党になりきっていた。このまま家に入れたら、さきざき自分だけでなく、彦助の弟で家を継いでいる要蔵も、彦助の犯罪に縁座させられてなんらかの処罰をうけることになると恐れた。

じつは『御定書百箇条』（吉宗のとき成立）では武士以外には連座・縁座が適用されなくなっていたが、法律は秘密にされていたので知る由もない。新六は彦助が重罪を犯すであろうまえに息子を殺そうと決心した。そして息子殺しも大助にたのんだ。大助は手下の林八らとともに彦助を渡良瀬《わたらせ》川の河原へ連れ込み、首を絞めて殺すと、川へ流した。

平蔵の明快な裁き

この一件は初めは百姓大助が米を盗んだ事件として、長谷川平蔵の助役だった松平左金吾が担当した。ところが大助が人殺しにかかわっているとわかり、担当が火附盗賊改から勘定奉行へ移り、根岸鎮衛が取り調べることになった。しかし、この裁判の主眼は上野各地での夜盗・

穀物の盗みにあり、嘱託殺人にはないとされ、再び勘定奉行から火附盗賊改の担当にもどされ、こんどは本役である長谷川平蔵が取り調べることになった。平蔵は大助が上州で押込強盗を五度やっていることを白状させた。『御定書百箇条』には次の定めがある。

一、家蔵へ忍び入り、旧悪に候とも、五度以上の度数盗みいたし候もの
　物取り得ず候とも、引廻しの上、死罪

平蔵は、嘱託殺人についても礼金を受け取っていたことを罪状に加えているが、もっぱら五度の押込強盗をもって「引廻しのうえ死罪」と、明快に老中に御仕置伺いを出している。評定所でも親の子殺しについて議論されたが、判決は平蔵の伺いどおり決まり、大助は寛政元年（一七八九）に引廻しのうえ死罪になった（『御仕置例類集』古類集六三三）。

勘定奉行もまき込んだ上州無宿大助一件によって、長谷川平蔵が取り締まりと取り調べの両面で水際立った処理をしたことを、老中と評定所の三奉行らに印象づけた。さらに同じころ、大きな手柄をあげるのである。

長谷川平蔵と大盗たち

大盗真刀《しんとう》徳次郎

町奉行にしても火附盗賊改にしても、大盗賊や大悪党を任期中に一人でも捕らえられれば幸運といえる。徳山五兵衛と榊原忠之《さかきばらただゆき》は、それぞれ日本左衛門と鼠小僧次郎吉を捕縛し、獄門にしたことで名をとどめている。その点、長谷川平蔵のように何人もの大盗を捕らえているのはじつは珍しい。最初に捕らえた大盗賊は真刀徳次郎（神道徳次郎とも）である。国定村の大助一件が決着したころ、寛政元年四月、長谷川組の与力・同心は武蔵（埼玉県）の大宮宿辺へ出張って、この大盗賊団を一網打尽にした。

この真刀徳次郎一件は『御仕置例類集』には記録がないが、ほかの数書に老中松平信明が命じた「差図」（判決）が遺されている。長谷川平蔵が老中に上げた「御仕置伺い」がもとになっており、平蔵がどんな取り調べをして判決文を書いていたか、また当時の盗賊の有り様もよくわかるので、長文だが全文を読み下す。

「寛政元酉《とり》年閏《うるう》六月七日
長谷川平蔵掛
無宿真刀徳次郎所々にて強盗または御用の趣等を申し偽り、
或いは海賊いたし候一件

無宿
真刀徳次郎
酉二十八歳

松平伊豆守殿御差図
右の者儀、奥州・常陸・上総・上野・下野・武州の関東筋、そのほか近国在々の村々数百カ所へ忍び入り、または強盗いたし、道中筋は御用と申し絵符《えふ》を立て、帯刀いたし、野袴を着し、従い候もの共、または渡り盗賊を若党に仕立てて召し連れ、問屋場にては相応の御用の趣を申し偽り、或いは御用と書き付け候提灯《ちょうちん》を持たせ、または蠟燭《ろうそく》を灯し、寺・修験宅・百姓家・土蔵・町屋の入口の戸をこじ明け、押し明け、こじ放し、或いは火縄にて錠前の処を焼き貫き、脇差を抜き持ち、頭取押し込み、家内の者を縛り置き、声立て候わば切り殺すべき旨を申し、金銀・銭・衣類・反物・帯・脇差等、その外の品々を、数覚えず盗み取り、または奪い取り、右の品々は常松・伊勢松・文助・山番人藤八、その外従い候者ども、市場或いは通りがかりの古着買いへその度々に売り払わせ、または質入れ致させ配分遣わし、酒食・遊興等に遣い捨て、剰《あまつさ》え出家・百姓を切り殺し、或いは所々にて手傷を負わせ、余類大勢を催し、数百カ所に夜盗に入り、または海賊いたし候段、重々不届至極につき、町中引廻しのうえ、武州大宮宿において獄門」（『徳川禁令考』後集第三）

長谷川平蔵が老中に差し出した「御仕置伺い」は、老中から評定所での諮問へまわされ、三奉行（寺社奉行・町奉行・勘定奉行）らによって評議される。その裁決が老中に答申されて、老中に異議がなければ、判決は決まる。ただし、処罰が死刑・遠島以上の重刑の場合は将軍の親裁を得て初めて、このような「差図」が平蔵に返ってくる。

太くもなく短い一生

真刀徳次郎は『よしの冊子』（後述）によれば、生国は国定村大助と同じ上野（群馬県）という。進藤流（神道流）の剣術の使い手というが、武家の出身かは不明である。どういう成り行きからか無宿になり、やがて盗賊団をひきい、押込先は陸奥《むつ》から関東五国におよんだ。しかも移動するときは公儀御用であるかのように会符《えふ》（絵符）と家紋入りの提灯をかかげ、江戸と任地との間を往来するような陣容で、関所も宿場も通行した。こうしたところは東海道八カ国で押込強盗を働いた浜島庄兵衛（日本左衛門）と同じだが、手下の数は日本左衛門の一〇〇人余をはるかに上まわって八〇〇人もいたという。この数はかなりの誇張がある。

右の判決中に四人の手下の名があり、山番人（盗っ人宿の主人）の藤八以外はみな獄門になった。ほかの三人については『幕府時代届申渡』の判決文には、常松が越後無宿で二二歳、文助（丈助）は養戸村無宿で一九歳、伊勢松は上州無宿で一八歳。日本左衛門の盗賊集団には遠江・尾張を中心に日本左衛門よりも年上で老練の者が混ざっていたのと大違いである。

大盗と呼ばれた男たちは多くが太く短い一生で終わり、たとえば日本左衛門は二九歳、真刀徳次郎は二八歳で、ともに獄門になった。しかし常松や文助・伊勢松となると、太くもなく短い一生である。一八〜二二歳の若い者が盗賊団の中枢を占めていたということは、真刀徳次郎の盗賊団は年季のはいった組織的な集団ではなかった。数百カ所も押込を働いたというのは、通りすがりに手当たりしだいに強盗におよんだものとみえる。江戸をはなれた関東の街道筋・村々では幕末に至るまで、こうした盗賊の横行にたえず苦しめられていたのである。

二足の草鞋をはく播磨屋《はりまや》吉右衛門

長谷川平蔵が大宮宿へ与力・同心を派遣して真刀徳次郎一味を一網打尽にした寛政元年四月、平蔵自身は江戸で自らの手で播磨屋吉右衛門を捕らえた。

吉右衛門は日光街道沿いの下谷に住み、北町奉行所から十手をあずかる、江戸でも名の知れた目明だった。もともとは曲淵景漸が永く北町奉行にあるときに手なずけたのだろうが、曲淵のあと寛政改革で石河政武《いしこまさたけ》・柳生久通といった穏便・力不足な町奉行がつづいた間に、吉右衛門は町奉行所の自由にならないほどの勢力をもってしまった。

下谷は北関東からの江戸の玄関口であり、また浅草寺・寛永寺・根津権現を結ぶ三角形の中にあり、吉右衛門はこの要所一帯を縄張りにしていた。表の顔は十手をあずかる御用聞だが、裏の顔は吉原や岡場所に紐つきの遊女・隠売女《かくしばいじょ》を入れて甘い汁を吸いあげ、また江戸の闇社会で稼ぐ裏稼業の者たちを掌握する「大町人の悪党」(『よしの冊子』八)だった。使い方によっては町奉行所にとって大事な情報・探索源であった。

長谷川平蔵は吉右衛門を捕縛する機会を窺《うかが》っていて、何度も与力・同心を召し捕りに向かわせたが、お縄にできなかった。そこで平蔵は単身で播磨屋へ出向き、姓名を告げて、「少々うけたまわりたきことがある。ちょっとこれへ出られよ」と申し入れた。吉右衛門は火盗改の御頭自らのお出ましなので、疑念も抱かずに出たところを捕らえられた。町奉行所は驚いたが、平蔵は北町奉行初鹿野信興におかまいなしで拘束した。

その一方で平蔵は、吉右衛門が高齢で持病があるうえ、何しろ町奉行所の御用聞を務めていたので、牢屋敷には入れずに品川の溜預《ためあずけ》にした。「溜」は病気の未決囚や未成年（一五歳未満）の囚人などを収容する施設で、平蔵は播磨屋から子分一人を看護に付き添わせた。吉右衛門のその後については記録がなく、遠島にもならずに溜で介護をうけて病死したのであろう。ともかく上野・浅草界隈はずいぶん風通しがよくなった。

『よしの冊子』と長谷川平蔵

長谷川平蔵が火附盗賊改を勤めた天明末期から寛政前期（一七八七〜九五）は、江戸時代二六〇年をつうじて市中に盗賊が最も跋扈《ばっこ》したときで、とりわけ寛政三年三〜四月にかけての二カ月間は連日連夜、市中に押込強盗・路上強盗が出没した。

寛政改革を断行した老中松平定信が城中・市中の動静をつかむため、隠密を用いて情報を収集した『よしの冊子』という記録がある。定信の幼時からの近習である水野為長《ためなが》が統括役になり、定信の老中首座就任と同時に諸役人の人物の出来から勤務ぶり、同僚間の評判、また市中の動静を見聞・探索させた。為長は三日から十数日ずつ隠密の報告をまとめて筆記し、定信が上覧できるようにした。機密文書であり秘書とされてきた。

大名・旗本が名ざしで仕事ぶりの優劣から性格の善し悪し、家庭内のトラブルまで密《ひそ》かに調べた詳細な情報が全一九巻、四〇〇字詰めにして二〇〇〇枚をこえる記録である。書かれたのは定信が老中首座就任（天明七年六月）から老中退任（寛政五年七月）までの六年一カ月間であり、定信が政権維持のために用心深く読んでいたのが明らかである。

長谷川平蔵については比較的多くの記述があるが、松平定信も水野為長も反田沼意次が政治的出発点だったので、意次に親近していた平蔵に対しては過度な敵意と中傷から始まっている。その後、頻繁に届く平蔵の日々の活動ぶりを知るにつれ、水野為長は平蔵に対する悪感情を弱めていった。しかし将軍吉宗の孫である松平定信にはそんな気遣いはない。

『よしの冊子』は定信のためだけのプライベートな記録文書だっただけに公的な史料にはない赤裸々な記録が多く、ほかのどこにも見られない長谷川平蔵の姿が垣間《かいま》見える。

平蔵の悪評のみなもと

たとえば平蔵に対して、こんな悪評がある。長文だが、火附盗賊改の仕事がこれほど具体的に書かれているものはないので全文を記す。

「長谷川は山師利口もの謀計《ぼうけい》ものの由。当春御加役中も、すわ浅草辺出火と申し候えば、筋違《すじかい》御門近辺にも、自分定紋の高張（提灯）二張に馬上提灯四、五張も持たせ人を差出し、浅草御門あたりにも同様にいたし、また火事場へも自分参られ候に付、三ケ所四ケ所とも、自分の提灯あまた御座候に付、ここにも平蔵がいた、あすこにも平蔵がいたというように、怪しまず手廻しよく相思われ候様に見え申し候に付、町人どももくっと先ンをとられ候由。もっともその提灯の御座候所には、与力か同心か居申し候て高張御座候えば、頭も居候様に相見え申し候て、町火消等もよく差図を受け申し候由。金銀の入り候事は何とも存ぜず、人が提灯を三十張拵え候えば、自分は五十も六十も拵え申し候よし。甚ださえ過ぎた事をいたし申し候人ゆえ、あぶなきと申し候ものも御座候よし」

（『よしの冊子』六）

天明八年一一月ごろの記録である。

江戸市中に火事が発生したら、まっさきに町火消が飛び出すが、同時に町奉行所と火附盗賊

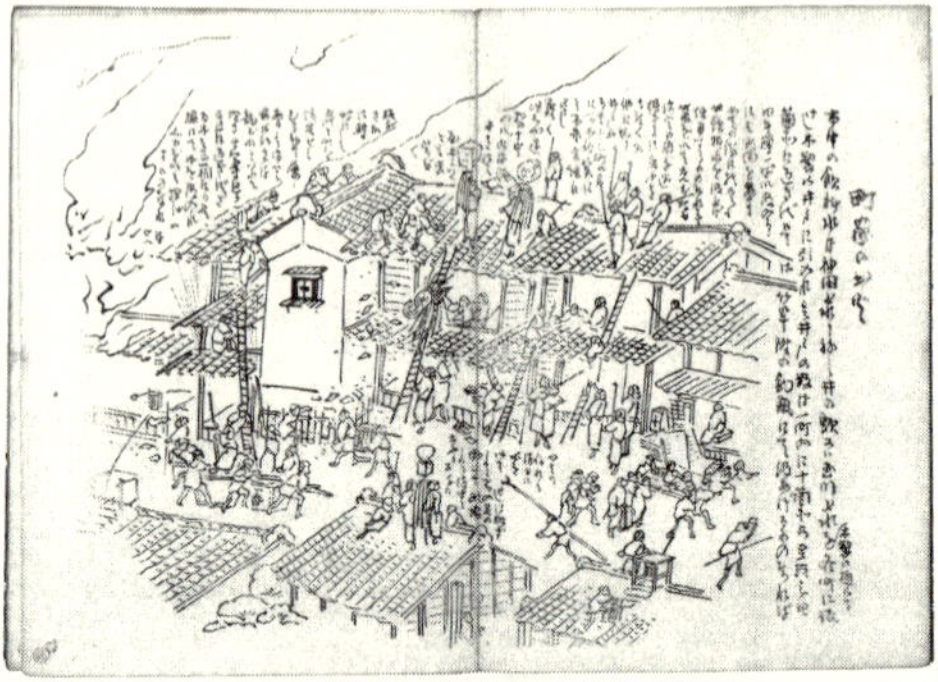

町家の消防　駆けつけた町火消（鳶の者）は消し口をとると纏を立てて、もっぱら家を破壊して延焼を防いだ（『実見画録』　国立国会図書館所蔵）

改の与力・同心も火災現場に駆けつけた。町火消は延焼を防ぐために家屋を破壊するのだが、どの家を壊すかは町奉行所与力と町火消の頭が即断する。

　一方、火附盗賊改は放火犯の捜索と同時に「火事場泥棒」にそなえて緊急警戒し、怪しい者を引っ捕らえる。長谷川平蔵が与力・同心を走らせ、要所に「火盗改」の高張提灯をいち早く立てさせているのは、犯罪と混乱を未然に防ぐ最も適切な方法である。

　ところが、このころの水野為長は大量の提灯を買い付ける平蔵の金の出所を「あぶなき（ヤバくないか）」と見当違いの邪推をし、こんなふうに平蔵の悪評を定信にインプットしている。水野為長の実父は先手組の与力で、歌人・歌学者として名高い萩原宗固《そうこ》なのだが、先手頭という身近で上役にあたる長谷川平蔵に対して、なぜか悪意を強固に抱いているのである。余談ながら為長の父宗固は歌学のうえでは松平定信の師匠である。

定信は平蔵とはとくに人足寄場の創設でも深くかかわるが、平蔵に対して最後まで嫌悪感をもちつづけた。その偏見の淵源は田沼意次との親近な関係に発し、水野為長、とくにこの『よしの冊子』によって固定化されたと言ってよい。『よしの冊子』では長谷川平蔵に対して、「山師」「姦物《かんぶつ》」「術者」「大術者」「利口もの」「謀計もの」「追従もの」などと口をきわめて悪評しており、いちど吹き込まれた下僚の旗本に対する偏見は、権力のトップにある者にとって修正する機会はない。

盗賊におびえる武家屋敷

寛政三年三月下旬、江戸の住人は武家も町人も安穏に暮らせなかった。

「この節、盗賊が横行し、町家はむろん武家へも抜身のまま四、五人ぐらいで押し入る。武家は押込があったことを申し立てできず、いずれも被害を隠しているそうだ。このたび盗賊が押し入ったら斬り捨ててかまわぬと御触が出された由。しかし千石以上の禄があって家来を多く召し抱えているならそれも可能だが、そうした所へは盗賊は入らず、小身ながら暮らし向きがよさそうな所を見込んで、四、五人が抜刀して乱入する。家来が二、三人程度では防ぎきれず、盗賊を斬り捨てることなどできない。かつまた旗本は隣家との申し合わせが行き届かず、たとえ隣に盗賊が入ったのがわかっても知らぬふりをするので、なかなか防ぎきれない。番町辺・小川町辺・駿河台《するがだい》辺も、はなはだ盗賊が横行し……」

（『よしの冊子』一五）

番町・小川町・駿河台といえば、由緒のある大名・旗本の屋敷が集中していたところである。その武家でさえ盗賊の横行に戦々恐々としていた。町奉行所は四月に次のような前代未聞の「御触」を発令している。

「夜中、町々の木戸は刻限を定めて閉めきり、訳立ち候往来は届け承け、滞らざるように相通し、怪しき者が通り候わば木戸を閉めきり候て相糺《あいただ》し、いよいよ盗賊に候わば召し捕り候とも打ち殺し候とも致すべく候。みだりに拍子木・鐘などを打ち、騒々しく致し候儀はこれ無き様に致すべき事」

（『御触書天保集成』六二七九）

夜間には各町の木戸は時間を定めて閉めきり、怪しい者は問いただし、盗賊ならば捕らえるか打ち殺してかまわないとある。武家の特権を放擲《ほうてき》して、町人に盗賊の「召し捕り」や「打ち殺し」を許した布令で、幕府の面目を失墜させるものだった。

襲われる江戸の町

犯罪者の捕縛・殺害は幕府と藩、つまり武士の専権であったのに、町人にもゆだねたのである。幕府のあわてぶりがわかる。『よしの冊子』には連日連夜、数人組の強盗が抜刀して武家・町家に押し込み、また路上での追剝《おいはぎ》・暴行におよんでいる記録が数十件も列記されている。徒目付《かちめつけ》・小人《こびと》目付や定信配下の者たちが市中を探索して集めた情報である。数例を示すと、

●四、五日前、番頭《ばんがしら》大久保備前守の屋敷へ多数の強盗が押し入り、おびただしく盗まれたらしいが、門を閉ざしたままなので、被害の程度はわからない。

●駿河台の両番赤井弥十郎の屋敷へ六、七人の賊が乱入し、弥十郎を縛ったうえで目の前で妾《めかけ》・娘ほかを慰み犯して、家財を残らず奪い取った。弥十郎は柔術の師匠をしているので、この恥辱を隠していたが、知れわたってしまった。

襲われたのは、いずれも番方（武官）の旗本である。一方、こんな盗賊もいる。

●麴町八丁目の日雇い人足が番町で盗っ人に襲われた。下帯だけは勘弁してくれとたのんだ

が、盗っ人は自分のしめていた古いフンドシと無理やり取り替えさせた。ところが盗っ人の下帯に金三分（約八万円）が縫いつけられていて、人足はその金で袷《あわせ》を買った。

こうした盗賊の犯行が列記されているなかに、次の一文（寛政三年四月）がある。

「板橋にて長谷川組、善奴と申すものと、大松五郎と申す両人の大盗賊を召し捕り候よし」

（『よしの冊子』一五）

長谷川平蔵が捕らえた大盗賊は、先の真刀徳次郎のほかに葵小僧《あおいこぞう》・大松五郎・早飛びの彦が名高い。「葵小僧」と呼ばれた盗賊は、葵紋の提灯をかかげた供揃《ともぞろ》えでねらい定めた商家に押込んだからである。しかし当時の裁判記録中に葵小僧の名はまったくない。葵小僧はじつは大松五郎の異名らしく、大松五郎については『よしの冊子』の右の簡単な記述と、老中松平定信が自伝『宇下人言《うげのひとごと》』にややくわしく記しているだけである。

抹消された葵小僧

松平定信は群盗におびえる江戸の夜の様子と、盗賊の名を一人、それに「長谷川何がし」とだけ書き記している。

「しかるに亥《い》（寛政三年）の夏の比《ころ》、盗妖《とうよう》ということあり。ここにも盗み入りたりといえば、かしこにも入りたり。きのうは何ケ所へ盗み入りたりという。それより町々にても犬《けん》声《せい》など聞きては、そよ盗みきたりけりとて、鐘など打ち鳴らすにぞ、その鐘の声を聞きてまた打ち騒ぎつつ一夜いねず。かかること半月ばかりにも有りけん。巷説喧々《こうせつけんけん》として人情もさらに安からざりしは希有のことなり。これによりて御先手のものへ仰せ付けられ捕盗せしにぞ、ついにはその沙汰も止みけり。捕らえし盗みとてもことにすぐれたるはなかりしが、そのうちに大松五郎というを長谷川何がし捕らえぬ。このもの一人して一夜に二、三ケ所ほどずつ入りて盗みぬ。一、二ケ月の間に五十何ケ所と入りて、あるいは人を殺し、または脅《おびや》かして取り得しなり。〔重き刑にあえり〕（以下略）」（『宇下人言』）

長谷川平蔵は大松五郎をきびしく取り調べたはずだが、『御仕置例類集』ほかにも記録がまったくない。月番老中だった松平乗完《のりさだ》は平蔵の「御仕置願い」を読んだというから、老中首座の松平定信も当然読んでいて、大松五郎の名も記憶に残っていたのだろう。しかし、この一件は評定所にまわされることもなく、老中によって即断されたのだろう。

大松五郎は葵御紋の提灯をかかげた供揃えで横行し、押込先では金品を強奪するだけでなく、必ず妻女・娘・下女らを凌辱していた。通常の吟味（取り調べ）ならば犯人の自供が真実かどうか、被害者からも口書（供述）をとって突合吟味のうえ罪状を確定する。

大松は自慢げに犯した妻女らの名をあげたらしく、平蔵は女たちの口書をとるのをやめ、早々に老中に罪状をしたためて処刑を願い出たのである。ふつうならば大松五郎は「市中引廻しのうえ獄門」になるところだが、そんな盗賊がいたこと自体を抹消するため、牢屋敷で早々に斬首され、関係の調書もすべて処分されたらしい。平蔵の果断な処理である。

火消人足早飛びの彦

同じ寛政三年夏ごろ、長谷川平蔵が捕らえたもう一人の大盗は、早飛びの彦である。一五〇人ほどの手下を擁する頭領であったが、幕府が一〇人の旗本に組織させた「定火消《じようびけし》」の臥煙《がえん》（火消人足）の頭として、赤坂の火消屋敷に居着いていた。その大部屋は町奉行所からも火附盗賊改からも治外法権で、つねに賭場となっており、外部からの出入りが自由だった。早飛びの彦は賭博客を装ってくる手下に、「浅草の鼈甲《べつこう》屋丸亀屋の蔵には二、三〇〇〇両はある。土蔵の壁はノコギリでたやすく引けるから、三人もいればできるだろう」などと命令を出すだけで、現場には行かない。

平蔵は早飛びの彦のほかにも定火消屋敷に巣くっていた盗っ人の頭領一〇人を捕まえている。火消人足の頭であれば火事の消火・鎮火活動に出動中は本業の盗みのほうの情報集めの好機会であった。平蔵は火消人足に盗賊がいるという情報をどんな筋からつかんだのだろうか。

『よしの冊子』によると、長谷川平蔵の本所菊川町の屋敷では毎日、大釜《おおがま》で飯を炊いていて、酒や博奕でスッカラカンになった遊び人や食いっぱぐれの者が一飯にありつきにきていたという。そうした者のなかには時に盗っ人情報を密告する者もいたのだろう。

評定所への平蔵の問いかけ

長谷川平蔵は数多い火附盗賊改のなかにあって抜群の活躍をし、大きな実績を遺した。火付・盗賊・博奕犯を数多く捕らえて処罰したことは第一の功績であり、人足寄場を創設して無宿の更生をはかったことは第二の功績である。

前者の火盗改の活躍では、平蔵が老中に差し出した「御仕置伺い」の多さで、『御仕置例類集』に判例として残された裁きは前述のとおり二〇一件にのぼる。これに比肩できるのは平蔵の死の一年後に火盗改になった池田雅次郎ぐらいである。池田雅次郎については、平蔵の後任の森山孝盛とともに次章で取り上げたい。

ところで『御仕置例類集』に収められた二〇一件の御仕置について、長谷川平蔵の下した量刑が適正であったのかどうか。明治大学の伊能《いよく》秀明氏は、御仕置伺いにある平蔵の求刑と、評定所が下した量刑とを一件ずつ対比されている。それによると平蔵の求刑が評定所の確定判決よりも軽かったのは四〇件、逆に平蔵の求刑が評定所よりも重かったのが五九件、両者の量刑が一致したのが九一件という（「長谷川平蔵全判例集」『歴史読本』二〇〇二年一〇月号）。

長谷川平蔵の求刑の半数、約一〇〇件が評定所（老中の判決）より重すぎたり、軽すぎたりであったという点に、江戸時代の裁判の困難さがうかがえる。平蔵はまさに犯罪と刑罰の体系をつくる渦中にいたのである。彼の御仕置例が前例（判例）となっていく。

平蔵はけっしてほかの奉行に比して温情に厚くて軽い刑にしたということはなく、厳正な裁きをしていた。ただし平蔵の「御仕置伺い」で注目されるのは、法や刑罰について根本的な問題提起をして幕閣（評定所）の議論を喚起していることである。

たとえばイカサマ博奕で捕らえた七〇歳の男に対して、『御定書百箇条』に従って「重敲《じゅうたたき》」（一〇〇回の敲刑）としたが、「これは重すぎないか、高齢に配慮して酌量の余地がないか」と書き添えている。評定所で三奉行らが議論し、未成年者（一五歳以下）にも重敲を執行しているのだから高齢者をとくに酌量するわけにいかないことになった。平蔵は『御定書』の問い直しもしながら裁いているのである。

こんな例もある。あちこちで盗みをかさね、植木屋で鉢植えの松と蘇鉄《そてつ》を盗もうとして見つかり、盗まずに逃げた男がいる。自首したので平蔵が取り調べた。彼の御仕置は「不届きにつき死罪とすべきだが、自訴（自首）につき入墨のうえ重敲」と老中へ伺った。「自首」が減刑の理由になるか、評定所の議論にかけたのである。判決は平蔵と同じ「入墨のうえ重敲」だったが、理由は植木屋の生け垣が手薄なうえ、盗み金の合計が一〇両以下だからとし、平蔵が自首を減刑の理由としたのを強く否定した。三奉行は自首すれば減刑することにしたら犯罪を助長すると考えたのである。平蔵の裁きが『御仕置例類集』に数多く収められたのは、新たな判例となる意義をもっていたからである。

誤認逮捕への対応

長谷川平蔵は現場で刑罰・法を執行する者としての戸惑いや疑問にしばしば直面していた。警察組織がかかえていた、裁判以前の重大問題である「誤認逮捕」にまで立ち入っている。これは町奉行所でも火附盗賊改でも、勘定奉行配下の代官所でも頻発していた。現代でもなお頻繁に起きている重大問題である。捜査は「怪しい者は引っ捕らえる」ことからはじまる。捕らえて取り調べ、そのさい拷問は日常的で、その勢いでデッチ上げへとすすみ、さらに処罰まで決まるという流れができている。

長谷川平蔵について、当時も現代でも信じられないような話を、水野為長が記録している。寛政三年ごろの話である。

「盗賊召し捕り違い御座候えば、たとえ三日四日牢内に居候えばそれだけ家職も出来申さず、妻子も養いかねく候ことにつき、三、四日牢内に居候分の手当、出牢のときに鳥目《ちょうもく》（銭）など遣わし候由」（『よしの冊子』一六）

現代でも警察が誤認逮捕を認めて謝罪するのは例外に属し、ましてや国家賠償となるとめったに認めない。江戸時代の警察の取り締まりには、損害を補償するという考えはカケラほどもありえない。これは平蔵も評定所に問うことはなかったが、代わって自ら身銭を切って誤認逮捕した者につぐなったのである。

長谷川平蔵と老中松平定信

人足寄場の創設

長谷川平蔵は自ら吹聴したのか、あるいは周囲でそういう声がおきたのか、寛政元年五月半ばごろ、江戸の町奉行への昇進のうわさが流れた。この後も町奉行抜擢の話はときどきおこるが、すべて途中で立ち消えになる。その一方で寛政二年二月一九日、「御先手弓頭」「火附盗賊改」に加えて、新設のプロジェクト「加役方人足寄場取扱」への兼任を命じられた。

じつは享保(一七一六～三六)以後、江戸に無宿があふれて、安永九年には南町奉行牧野成賢《しげかた》が深川茂森町に「無宿養育所」を設けたが失敗に終わっていた。しかし天明の大飢饉後、無宿の増大はますます深刻な社会問題となり、老中松平定信はなんらかの対応策を焦眉《しょうび》の急として幕臣に提言を求めた。このとき長谷川平蔵ただ一人が献策したのである。

平蔵が提言した「人足寄場」は定信が期待していた考えをより具体的・現実的に展開したものであった。火盗改としてつねに無宿や犯罪者を扱っていた平蔵ならではの治安対策と社会政策の両面をそなえた更生施設であった。人足寄場は旗本石川大隅守屋敷地と佃島《つくだじま》の間の葭《よし》の繁茂する干潟一万六〇〇〇坪余を埋め立てて造成された。のちには屋敷地も人足寄場になる。ここは現在リバーシティと呼ばれる超高層マンションを中心とする住宅地域となっている。

無宿者に職を教える

「人足寄場」は火附盗賊改の役職とは関係ないのだが、しかし長谷川平蔵は火附盗賊改の役目を補完するものと考え、そのように営まれたので取り上げておきたい。寛政二年二月二六日、人足寄場に初めて無罪の無宿と軽罪で身元引受人のいない者が収容された。まずは一四五人で、平蔵はみなに次のように申し聞かせた。

「その方ども儀、無罪の者につき、佐州（佐渡）表へ差し遣わすべきところ、このたび厚き御仁恵をもって、加役方人足にいたし、寄場へ遣わし、銘々仕覚え候手業を申し付け候。旧来の志を相改め、実意に立ち帰り、職業を出精致し、元手（手当金）にもありつき候よう致すべく候。身元見届け候わば、年月の多少にかまいなく右場所（寄場）を差し免じ、百姓素生の者へは相応の地所を下され、江戸表出生の者は出生の場所へ店をもたせ、家業致さすべく候。もっとも公儀よりも職業道具下され候か、またはその始末により相応の御手当これあるべく候。もしまた、御仁恵の旨をも弁《わきま》えず、申し付けに背き、職業不精に致し候か、或いは悪事等これあるにおいては、重き御仕置申し付くべきものなり」

（『憲教類典』四之二八）

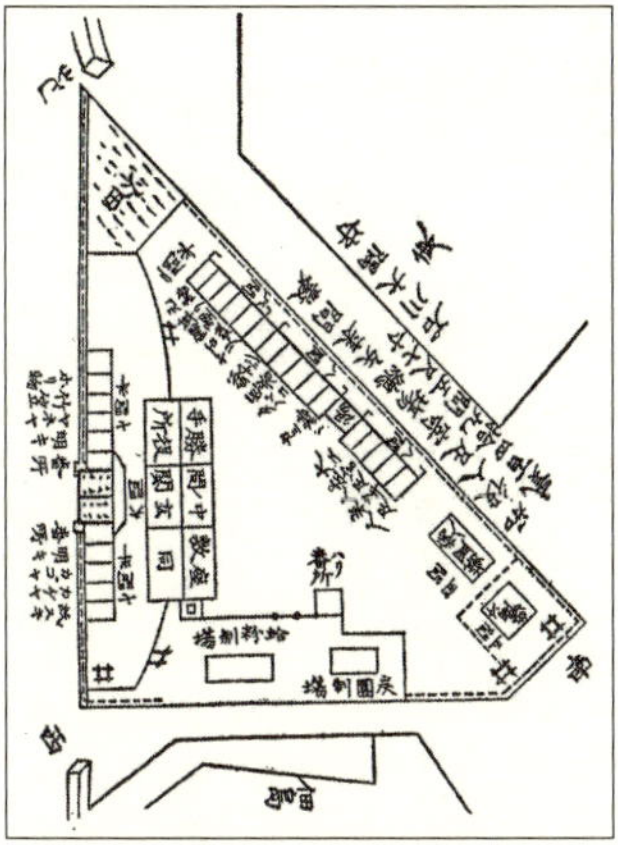

「加役人足寄場絵図」　仕事別に作業場が並び、病人収容室もある（大田南畝『一話一言』）

人足寄場には原則として三年間収容され、大工・左官・建具・鍛冶屋・草履作り・縄細工・籠作り・紙すき・炭団《たどん》作り・米つき・油しぼり・堀さらいなど、それぞれできる仕事を選ばせた。各作業には原材料費などの経費を差し引いた売上金を支給した。ただし三分の一を「溜《ため》銭《せん》」として天引きして貯金し、残り三分の二を一〇日ごとに渡した。

行ないがよければ三年以内でも寄場から出所させ、また溜銭が一〇貫文に達した場合にも出所できた。およそ二五万円ぐらいである。作業によっては稼ぎが少なく、溜銭がいっこうに増えないものもあり、その場合は三貫文の溜銭でも出所できた。

大事なのは出所してのち、仕事に精出して働きつづけるかである。平蔵は細かな配慮をしていて、たとえば按摩だった無宿の盲人二人を寄場から送り出すさい、同業者のいない佃島に話を通して引き渡して住まわせている。漁師たちにとっても助かる新住人だった。

平蔵をささえているのは、犯罪者や無宿であっても手に職さえつければ、自立して社会復帰が可能だという信念であった。それにしても出所のさいに江戸生まれの者には生まれた町での開業資金を与え、百姓の出には土地と農具を与えるというのは、大きな財源が必要である。

銭相場のもうけ

幕府は「人足寄場」の経営のために開設一年目には米五〇〇俵と金五〇〇両を出したが、次年度からは米三〇〇俵、金三〇〇両に削減した。五〇〇両は大金のようだが、松平定信が寛政改革で上限とした尾上《おのえ》菊五郎・中村歌右衛門ら人気役者一人の一年間の給金にすぎない。定信は緊縮・倹約政策の一環として「千両役者」のダンピングを命じ、最高年給を五〇〇両としたのだが、三〇〇両以上の役者は一三人いる（「三升屋《みますや》二三治《にそうじ》戯場《けじょう》書留《かきとめ》」）。老中のお声がかりではじめた無宿一掃の社会プロジェクトが、人気役者一人の年収と同額というのは、定信の政治・経済感覚を疑わざるを得ない。

定信の寛政改革がさまざまなところで破綻《はたん》・頓挫《とんざ》するのは、彼の現実ばなれした経済感覚、社会認識、それに人間理解にある。それでも人足寄場が活動をつづけて無宿の自立・救済に効果があったのは、ひとえに長谷川平蔵の孤軍奮闘によっている。人足寄場は平蔵の個人的努力によって推進されたといえる。

平蔵は人足寄場を可能なかぎり「自分稼ぎ」、つまり独立採算で進められるように知恵をしぼり、人足には職業訓練をかねて働かせて稼げるようにした。しかし本来の火附盗賊改でも役高である一五〇〇石以上の出費をかさねて職務を遂行し、人足寄場でも少ない財源で軌道に乗せるのは、並々ならぬ苦労である。そのために手を出したのは銭相場である。

「近年、打続き銭下直《げちよく》（安値）に相成り候処、寛政三亥年四月、別《わけ》て下直に相成り、一両につき六貫二百文位いたし候処、長谷川平蔵殿掛りにて、加役人足寄場において、銭御買上げ仰せ付けられ候えば、一両日の中に、忽《たちま》ち五貫三百文位に相成り候に付き、御払い仰せ付けられ、右徳分をもって、寄場人足、無宿ども御救い下され候由」（『親子草』巻一）

平蔵には父の宣雄ゆずりといえる経営感覚・財テクの才能があった。しかし、こうした才能は武士の間ではうとまれ、悪評のもとになりかねない。

立ち消えになった町奉行就任

じつは長谷川平蔵の役替えについては寛政三年一二月ごろ、町奉行就任の話が幕閣で議論された。初めは町奉行就任が有力だったが、そのうち異議が出されて別の候補者として松本兵庫頭《ひょうごのかみ》・中川勘三郎・根岸鎮衛の名もあがり、最後に大坂東町奉行だった小田切直年が北町奉行に決まった。

「大坂（町奉行）へは是非平蔵が行きそうなものだ。アレもせめて大坂へでも行かずば腰が抜けようとさた仕り候よし」（『よしの冊子』一七）

空席になった大坂町奉行には平蔵が任命されるかとみられたが、この転役もなかった。前述したとおり火附盗賊改は、熱心に勤めれば役高・役料以上の出費になるので、「腰が抜ける」

（家産が貧窮する）役職として知られていた。そのため二、三年も勤めたら余禄の多い堺奉行や奈良奉行・大坂町奉行などの遠国奉行に転任させることがふつうは行なわれた。しかし長谷川平蔵の場合には、そうした配慮が一度もとられなかった。

転役・栄進の話がいつも立ち消えになるのには平蔵を強力に推薦する人物がいなかったからである。老中首座である松平定信の推挙があれば、大坂町奉行はむろんのこと、町奉行への抜擢も決まったであろうが、逆に定信はそれをよしとしない空気を幕閣内で醸成していたのではないか。定信が自伝『宇下人言』に平蔵を「左計《さばかり》の人（山師的）にあらざれば」とか「長谷川何がし」のように冷たく記すところに、平蔵を忌避する気持ちが明確にあらわれている。小田切直年が北町奉行に就任した翌月の寛政四年二月ごろの平蔵の様子を、定信が放っていた隠密はこう報告している。

「長谷川平蔵転役も仕らず、いか程出情仕り候ても何の御さた、これ無く候に付き、大いに嘆息いたし、もうおれも力が抜け果てた。しかし越中殿（定信）の御詞が涙のこぼれるほど忝《かたじけな》いから、そればかりを力に勤める外には何の目当もない。是ではもう酒ばかりを呑死《のみじに》であろうと、大いに嘆息、同役などへ咄合《はなしあ》い候よしのさた」（『よしの冊子』一七）

『よしの冊子』を筆記する水野為長は記録をはじめた五年前と比べると平蔵に対する悪感情が弱まったが、相変わらず主人の松平定信の意をおもんぱかって書いている。

松平定信の失脚

長谷川平蔵は寛政四年六月、創設以来二年余り勤めた「加役方人足寄場取扱」を解かれた。松平定信は人足寄場が一応軌道に乗ったと考え、平蔵の個人的プロジェクトの色彩が濃くなっていたこの施設を、幕府の組織へと取り込みたかったのだろう。この後は「寄場奉行」を置いて支配をまかせたが、文政三年（一八二〇）からは人足寄場は追放刑の犯罪者を収容するようになり、平蔵が軽罪者と無宿者のために授産と更生をはかったのとはまったく別物の施設になっていく。天保期（一八三〇〜四四）には約六〇〇人を収容して監獄化してしまうのである。

ところで平蔵は人足寄場の兼務を解かれて再び火附盗賊改に専念することになると、この年には二六件、翌五年には四七件、さらに六年には七五件も「御仕置伺い」を老中に上げている。以前に増して多くの犯罪を摘発し、容疑者を裁いているのである。犯罪に挑む気力は少しも衰えていない。

そうした長谷川平蔵について寛政五年五月末ごろ、同僚の間からも同情する声が流れていたらしく、『よしの冊子』には為長の松平定信批判ともとれる「最後の長谷川平蔵評」といえる文言が記されている。

「長谷川平蔵は、いついつ迄も御役仰せ付けられ、さぞ物入り多にて困り申すべくと取り沙汰仕り候由。一説に外の加役は勤め候と身代《しんだい》を微塵《みじん》に致し候えども、平蔵ばかりは身代をよく致し候に付、身上《しんしょう》のわるく成る迄御遣い成される思召しだ、と取りざた仕り候も御座候よし」

（『よしの冊子』一九）

ほかの旗本は火盗改を勤めると家産が逼迫《ひっぱく》・困窮するが、長谷川平蔵は金策の能力に長けていて使い減りしないので、転役・昇進が行なわれなかったという。トップがこんな考えでは従う者は報われない。この記録が「最後」になったのは、当の松平定信が同年七月二三日に失脚して老中を解任されたからである。同時に密偵の探索が終わって、水野為長の筆記も絶たれ、これまで書き溜《た》められた記録は、定信の死後に発見されるまで、手元の篋底《きょうてい》深く秘された。

平蔵の急な病死

長谷川平蔵は寛政七年になっても一五件の「御仕置伺い」を行ない、うち四件は評定所での評議で死罪が決まった事件であった。ところが四月に入って平蔵はとつぜん病に倒れた。病気が何かは不明だが、病勢は日ごとに重くなった。このことは将軍家斉《いえなり》の耳に達し、五月六日に将軍家秘蔵の高貴薬「瓊玉膏《けいぎょくこう》」が届けられた。しかし快方に向かうことはなく、四日後の五月一〇日に死去した。

平蔵の死があまりに急であったため、長谷川家では家督継承を無事にすませるため、その死を秘匿し、五月一四日になって「大病に相成り候につき御加役御免」を願い出た。一六日に辞職が聞き届けられるとともに、永年の勤続に対して金三枚と時服二領が下賜された。

嫡男の辰蔵宣義が父の「死亡届」を若年寄京極《きょうごく》備前守高久《びぜんのかみたかひさ》に差し出したのは五月二〇日であり、その「届」には「寛政七年五月十九日病死」とあった。このため『寛政重修諸家譜』など公の記録では、長谷川平蔵の死は五月一九日となっている。享年五〇。先手弓組二番組をひきいて、孤軍奮闘の生涯であった。

第六章　火附盗賊改の行く末

対照的な平蔵の後継者

競い合う三人

長谷川平蔵ののち、対照的な二人の先手頭が相ついで火附盗賊改になった。まず森山《もりやま》源《げん》五郎《ごろう》孝盛《たかもり》、次いで池田《いけだ》雅次郎《まさじろう》政貞《まささだ》である。長谷川平蔵と森山・池田の三人は、いずれも一〇代将軍家治に御目見をはたし、田沼意次《おきつぐ》から松平定信へ移った両政権下で番方（武官）の役人として役目を競い合って昇進してきた。森山が最年長で、平蔵はその八歳年下、池田は平蔵より二歳年下であった。三人は同僚であると同時にライバルである。

三人の火附盗賊改在職の年月日と期間は、次のとおりである。

長谷川平蔵	天明七年　九月一九日～寛政七年五月一六日	八年三カ月
森山孝盛	寛政七年　五月　八日～寛政八年六月　二日	一年一カ月
池田雅次郎	寛政八年一〇月　六日～享和一年五月　一日	四年七カ月

番方トップの火附盗賊改に抜擢されたときの年齢は、平蔵四二歳、森山五八歳、池田四九歳

である。平蔵と森山の家禄はほぼ同じ四〇〇石、ただし森山は三〇〇石と廩米《りんまい》（蔵米）一〇〇俵であり、家格は家祖の活躍からすると長谷川家が格上であった。森山家は甲斐《かい》武田氏の家来であったが、武田勝頼の死後に家康に臣従した。この家格の差は旗本の子息が最初につく役目に直結する。平蔵のスタートが書院番士であったのに対し、森山は大番士であり、その後の出世・昇進のコースとスピードで差が広がる。

平蔵の出世がずば抜けて早いのは、父の平蔵宣雄の余慶で松平武元《たけちか》と田沼意次という二人の有力な老中の信任が厚かったせいである。森山も全盛期の田沼意次の屋敷へ熱心に挨拶に伺っているが、いっこうに要職にめぐまれなかった。松平定信が老中になってから、ようやく芽が出たのである。そして、ふつうならば隠居してもいい五八歳という高齢で、しかも平蔵の後任として火附盗賊改に就任したのである。森山には長い間の鬱屈した思いがあったのであろう。武人というより文人で筆が達者だった彼は、このときのことを次のように記している。

「寛政七年五月、加役つとめ居たりし長谷川平蔵重病にかかりて、危うかりければ、翁《おう》（森山自身）を召して捜捕《そうほ》の役を命じられぬ。彼長谷川、小ざかしき生質にて、八年の間加役勤めるうち、さまざまの計をめぐらしけり。たとえば……」（『蜑《あま》の焼藻《たくも》』）

これが平蔵の役目を継承した森山の第一声で、前任者平蔵の急な病没を悼む気持ちはまったくない。森山は年下の平蔵を役職のうえでは、ずっと見上げる立場に置かれていて、たまっていた鬱憤を噴出させた。「たとえば……」としてあげた一つに、既述（一七三ページ）の『よしの冊子』と同じ高張提灯の話がある。

火事現場に長谷川平蔵組の高張提灯がいち早く掲げられたのを、森山は「愚なるものの目には、はや長谷川の出馬せられたると、驚き思わせるためなり」と、奸計だというのである。しかし混乱と雑踏の火事場に火盗改の提灯を立て、同心が見張っていれば、犯罪や事故の防止に絶大な効果があったはずである。

さらに平蔵は自分が刑死させた罪人については寺に墓塔を立てて菩提《ぼだい》を弔ったり、また路上の物乞いに銭をめぐんだりもしたが、このことも森山の目には「小賢《こざか》しき奸計」と映って悪口を浴びせている。そんなふうな勘ぐりをしてしまう性格の人物であった。

森山孝盛の平蔵批判

森山孝盛は火附盗賊改として盗賊・火付などの凶悪犯と対決したり、市中にたむろする無宿の取り締まりを率先して行なうタイプではなかった。和歌を京都の冷泉家《れいぜい》に学び、自ら歌人・和学者としてふるまい、日記も含め大量の著述を遺した。老中松平定信は森山が武人というより文人肌のところを評価して抜擢したのである。森山は平蔵について書くとき平常心を失って過激に非難してしまい、そのため独りよがりの自慢と自己弁護を書き連ねることになる。

「(長谷川平蔵は) 八年が間さまざまの奇計をめぐらしたるにより、世上にては口々に長谷川がことを批判したりけり。元来御制禁の目明・岡引《おかつぴき》というものを専《もつぱ》ら使いたるゆえに、差し掛かりたる大盗・強盗なんどは忽《たちま》ち召し捕って手柄を顕《あら》わしたれども、世上は却って穏やかならず。大火も年々絶えずけり。……然るに翁 (森山自身) 思いよらず、捜捕の職を命ぜられければ、つくづくと考うるに……」 (『同前』)

森山は平蔵が世間から批判されていたように書いているが、一部の幕臣の間では平蔵への批判はあっても、「世上」ではむしろ逆の評価がされていた。平蔵の悪評を書いた水野為長でさえ、「殊に町方にても一統相服し、本所辺にては始終 (将来) は本所の御町奉行になられそうな、どうぞしたい」(『よしの冊子』一六) と町人から町奉行への就任が期待されるほど、人望があったことを伝えている。一方、為長は森山孝盛については「いずれ一体根生《こんじょう》むずかしき男のよし」と、根性が曲がっている男といっており、旗本屋敷の隣人間でトラブルメーカーであることを書いている。

平蔵は禁止されていた目明・岡っ引を使って大盗を捕らえたが、森山によればかえって世の中が不穏になり、大火が続発するようになったと、つじつまが合わないことを平然と書いている。平蔵の厳しい取り締まりが原因で犯罪が多発したような言い方をしたうえで、自分が火盗改を命じられてからはどうなったかというと、森山は火盗改という組織の根本を正すことが大事だとして、盗賊・火付などの犯罪者を捕らえるのは第二にして、配下の与力・同心の不正を取り締まるのを第一にしたと自慢している。その結果、

「さらば召し捕るものは少なかるべきに、日々に罪につくもの多くして、彼の奇計をめぐらしたる長谷川が手並みに少しも替わることなかりけり」（『蛋の焼藻』）

と、我田引水で自画自賛している。これでは森山組の与力・同心は意気があがらなかったと思う。森山の言うことが独りよがりの言い分であったことは、一年間で火盗改を解任されたこ

とからも明らかである。この免職がまた森山を烈火のごとく怒らせた。それが『蜑の焼藻』を書く引き金にもなっていたのである。

捕物より文筆の火盗改

森山が老中に上申した「御仕置伺い」は一八件あるが、彼が行なったことで重要なのは、犯罪の取り締まりや犯人の捕縛・裁判よりも、後任のために火附盗賊改の職務内容を書きまとめたり、職務上備えるべき物品をリストアップした「控帳」を整理・記録したことである。火附盗賊改の役宅内に設ける仮牢《かりろう》や白洲の仕様も書き残している。こうした記録がこれまでなかったので、自分は仕事に取り掛かれなかったと、前任者の平蔵への非難を忘れずに書いている。

捕物よりも文筆が得意だった森山孝盛は、配下の与力・同心の役割分担について貴重な記録を残している。彼がひきいたのは先手筒組二一番組で、本来は与力六騎・同心三〇人であったが、火盗改に就任すると増員を願い出て、与力一〇騎・同心四〇人になった。その役割分担は、

役所詰め与力	三人	召捕り方廻り方与力	七人
雑物懸り同心	二人	書役同心	九人

頭付同心　　三人　　溜勘定掛り同心　　一人
差紙使同心　九人　　届廻り同心　　　　六人
浮役同心　　三人　　召捕り方廻り方同心　七人

（『徳川禁令考』前集第三）

これをみると、火附盗賊改から江戸市中に出張って犯罪を取り締まったり、犯人の逮捕に動いているのは、与力・同心五〇人中一四人であり、ほかは捕らえた容疑者の取り調べや調書の作成、老中・若年寄への書類作成など、役宅内でのさまざまな仕事に従っている。

捕物時には同心一人につき一～二人の小者が付いて活躍するが、火附盗賊改はこんな少ない人数で凶悪犯罪を取り締まっていたのである。もちろん町奉行所からも与力・同心・小者が出動するが、町奉行所と火附盗賊改はチームを組んで連携することはなかった。

森山孝盛の面目躍如たる仕事は火附盗賊改に関する古記録・書付類を収集して、『御加役代々記』と呼ばれる名簿録をまとめたことと、日記『自家年譜』を遺したことであろう。『公務愚案』もある。六五歳で西の丸勤めになると職務に余裕ができたのか、『賤《しず》のをだ巻《まき》』『閑窓《あんそう》新語《しんご》』などの随筆を書いた。そのころには長谷川平蔵に対する怨念《おんねん》じみた怒りも希薄となったようである。もともと市中に出張って盗賊を追捕したり、また江戸中あちこちにいる無宿者を

「けがらはしき有様なり」といっているくらいだから関わりをもたず、それより和歌について思いをめぐらし、また公私で見聞・知見したことを書き記すことが好きだったのである。

地方へ出張った池田雅次郎

森山孝盛は寛政八年六月、一年で火盗改を役替えになったが、これがよほど悔しかったようで、自分に取って代わった後任の塩入《しおいり》大三郎利恭《としのり》を老中戸田采女正《うねめのしょう》氏教《うじのり》のコネで火盗改になった「大兵《だいひょう》にて無芸無学」（大男の大バカ）と、口をきわめて罵詈《ばり》を浴びせている。その塩入は七カ月後に病死し、後任となったのが池田雅次郎である。

池田雅次郎は旗本ではあっても、長谷川平蔵・森山孝盛とは出自が異なり、五二万石の戦国大名・姫路藩主池田輝政の分家筋であり、家禄は二人よりずっと多い一〇〇〇石である。寛政八年一〇月、補任当初は冬季だけの加役だったと思われるが、六月に森山孝盛に代わった本役（定加役）の塩入大三郎が病がちで、一二月に病死したので、池田が本役になったとみられる。そのまま享和元年（一八〇一）五月まで四年七カ月という長期にわたって火盗改を務めた。

長谷川平蔵は加役から本役に移る六カ月間のブランクがあり、在職が九年にわたるが実質八年三カ月であった。その間『御仕置例類集』に記録された老中への「御仕置伺い」は前にも述

農村での押込強盗　警察力の及ばない関東各地では豪商・豪農が夜盗に襲われた（『街談文々集要』国立公文書館所蔵）

べたとおり、二〇一件にもなって最多である。伺った御仕置がすべて『御仕置例類集』に収められるわけではなく、判例として大事なものが収録されているのだが、在任が四年七カ月間の池田雅次郎の「御仕置伺い」は一九九件もあって、平蔵を凌駕《りょうが》する勢いで犯人を捕らえて裁き、御仕置伺いを老中に上げている。しかも注目されるのは、池田が在方《ざいかた》（地方・農村）での犯人逮捕にめざましい活躍をしたことである。それも幕府直轄領（天領）にとどまらず、高崎藩領内では二度にわたって博奕常習の百姓を捕らえ、四人を「中追放《ちゅうついほう》」にしている。

火盗改は幕府領・大名領・寺社領におかまいなく、どこへでも入領して警察力を執行できることになっていたが、現実にそうしたことをする火盗改は少なかった。池田は江戸市中を離れて盗賊・火付犯・博奕犯・無宿の摘発・捕縛を盛んに行なった。犯罪者のいない江戸城曲輪内の大名屋敷の周囲を見廻って点数稼ぎをし、京都町奉行や大坂町奉行への栄転をはたした田沼時代の赤井忠晶や土屋守直とは好対照である。

新判例「余儀なき不義」

犯罪者の検挙数と御仕置伺いの提出数ほかで、池田雅次郎は長谷川平蔵の仕事ぶりを継承したといえる。池田は取り調べが綿密で、裁きは巧みであった。寛政一〇年に裁いた一件に、こんな強姦《ごうかん》事件がある。

相模高座郡下寺尾村の長兵衛の妻はつが、村へ帰る山越えの道で無宿角左衛門にまとわりつかれ、脅されて「不義」を迫られた。はつは拒めば殺されると思い、角左衛門の脅迫に従った。はつはこのことを夫に黙っていたが、角左衛門が別件で捕らわれて、この不義を自白した。そのためはつは池田雅次郎の取り調べをうけることになった。

『御定書百箇条』には、「不義」(男女合意の密通)や「押して不義」(レイプ)については処罰が定まっていた。前者はふつう男も女も「死罪」である。「押して不義」の場合は、犯された女の立場(主人の妻・人妻・娘)によって、男は獄門・死罪・遠島・重追放と違ってくる。被害者はむろん無罪である。ところが、はつのように「脅迫」や「強要」によるケースはこれまで定めがなかった。

池田の裁定は、このようなものだった。はつは山中で救いを求めようがなく、拒絶すれば殺傷されると思い不義を犯したのであって、「余儀なき不義」という新しい判例を立てた。しかし、夫に隠していたので「不埒《ふらち》につき五〇日の押込《おしこめ》」とした。これに対して評定所は池田より軽い「不束《ふつつか》につき急度《きっと》叱《しか》り」にしている。角左衛門については記録がないが、「死罪」であろう（拙著『江戸の色ごと仕置帳』に詳述）。

このほかにも池田には注目すべき裁きがいくつもあるが、そのなかで評定所一座の判断が分かれて紛糾した事件があった。これも寛政一〇年の一件である。

現代に先駆けた減刑の原則

武家屋敷に中小姓《ちゅうごしょう》として奉公していた中川蔀《しとみ》が、奥女中に密通を申しかけた。しかし相手にされない。中川はこの女中には中間《ちゅうげん》の袖助も誘いをかけているようなので、何とかライバルを追い出したいと思い、火付犯に仕立てることにした。中川は寛政一〇年一月から二度にわたって屋敷の塀と雪隠《せっちん》に放火したが、自分で消し止めて騒ぎ立て、火を付けたのは袖助らしいとうわさを流した。しかし、この計略が明らかとなり、池田雅次郎に捕らわれて詮議になった。『御定書百箇条』では放火は未遂でも「火罪」と明解に定まっていたが、その後、さまざまな放火裁判があって、ケースによって火罪・死罪・遠島と刑に違いが生まれた。中川蔀の場合には、池田は放火の動機が袖助を追い出すことにあり、屋敷を燃やす気がまったくないという点を取り上げ、議論されたのである。

三月一八日に池田雅次郎が「御仕置伺い」を出して以来、評定所では再三にわたって評議がかさねられたが、結論が出なかった。松平輝和《てるやす》・土井利和・松平康定の寺社奉行と北町奉行小田切直年・勘定奉行菅沼定喜《さだよし》の五人が「火罪」、寺社奉行脇坂安董《やすただ》・南町奉行村上義礼《よしあや》・勘定奉行根岸鎮衛《やすもり》の三人が「死罪」を主張して、科刑が対立した。最後は老中に裁断が仰がれ、八月二三日、戸田采女正氏教は池田雅次郎の「伺い」どおり「死罪」を差図した。

池田雅次郎の重要な御仕置例では、寛政一二年の未成年者順識《じゅんしき》(寺の小僧)の放火事件がある。これは『御定書百箇条』に定められていた減刑の理由が二つ重なっていた。

事件が年を越えて発覚した場合には罪が一等減刑される。「火罪」ならば「死罪」になり、また未成年ならば「火罪」が「遠島」になる。この二つの減刑理由を考えると、順識は未成年なので「遠島」に減刑され、年越しの犯罪なのでさらに減刑して「重追放」にすべきか。減刑の要件がダブる事件は初めてだったので、池田は苦心し、評定所も苦慮した。

このときは評定所での寺社奉行・町奉行・勘定奉行の評議が一致して「重追放」と裁定した。しかし老中はこれを破棄して再評議を命じた。結論は法律上二つ以上の減刑理由が重なっても、適用するのは一つの理由にかぎるべきとした。これは現代の裁判でも同様である。このときの月番老中はだれかわからないが、優れた裁断である。

火盗改から異例の転役

ところで池田雅次郎であるが、享和元年五月、五四歳で火盗改を退任すると、同月には「禁《きん》裏付《りつき》」に転役した。一二〇年前に一度だけ前例があるが、火附盗賊改から京都御所に役替えというのは、絶えてなかったことである。ふつう堺奉行や奈良奉行、さらに恵まれれば京都町奉行か大坂町奉行へ栄転であるが、禁裏付というのは異例であった。

御所では京都所司代の指揮に従って禁中の諸用をはたすので、官位は大名と同じ従五位下となり、「池田筑前守政貞」を名乗った。江戸から旗本二人が出張って務めるのは京都町奉行と同じだが、まったく別種の激務といえる。

与力一〇騎と同心四〇人をひきいるのは火盗改と同様だが、江戸で盗賊・火付・無宿らを相手に立ちまわるのとは、まるで勝手が違って、毎日御所に参内して用部屋につめ、「天皇のご機嫌の様子」などを記録するのが役目である。そのほか御所内・諸門の警護のほか、公家・女官の行ないを監督し、禁中の経費の出納を管理するという役目まであり、武骨なだけの番方では勤まらない要職で、池田が文武両道に熟達していたのが明らかである。池田雅次郎は禁裏付を文化六年（一八〇九）まで八年間勤めたのち、江戸にもどって六二歳でなお「新番頭」となり、役高は二〇〇〇石となった。文化一四年に七〇歳で亡くなっている。

「鋸挽《のこぎりびき》」を執行した大林弥左衛門

長谷川平蔵以後、池田雅次郎だけでなく、ほかの火附盗賊改もせっせと老中へ「御仕置伺い」を上申するようになった。それはとりもなおさず熱心に放火・強盗・博奕犯を取り締まり、捕縛・吟味を行なったということである。

享和期から文化期（一八〇一～一八）にかけて、池田の後をうけた岡部内記忠英《ただてる》は一年半ほどの在任中、池田に劣らぬペースで「御仕置伺い」を出しており、その後の戸川大学逵旨《みちよし》・大林弥左衛門親中《ちかなか》も同様であった。このころ火盗改は番方と役方、つまり武官と文官の両手腕をそなえていないと務まらない役目になっていた。大林は文化元年から同八年まで助役・本役を三度も命じられたが、この間に火盗改の刑事判決記録『刑例抜萃《ばっすい》』二四巻を編纂している。ここには長谷川平蔵以来の九七〇件の判例が、刑罰・犯罪・身分に分けられて記録されている。ここでも平蔵と池田雅次郎の判決が圧倒的に数多く収録されている。

鋸挽　最も重い刑だったが形式化し、日本橋で晒しののち引廻しのうえ刑場で磔にされた（『徳川幕府刑事図譜』　明治大学博物館所蔵）

大林自身が裁いた判決もあり、さすがに名文である。たとえば文化五年の無宿幸助の殺人事件の判決文では、「奉公致し候みぎり、主人長七女房へ執心致し、不義申し掛け候ところ、承引致さず、そのうえ恥を与え候を遺恨に存じ、殺害致し鬱憤を発し申すべくと存じ、脇差を買い取り、主人の留守、〆《しま》りある戸を押し外し這入り……」と、犯行に至るまでの動機と心理まで書いていて、当時の判決文として珍しい。

　幸助は主人の妻・娘・倅と、たまたま居合わせた坊主の四人を殺し、金銀ほかを盗んだうえ、放火して焼死に見せかけた。大林は当時としては珍しい「鋸挽のうえ磔《はりつけ》」という、ほとんど行なわれていなかった「鋸挽」の極刑を下した。

　「鋸挽」は戦国時代に行なわれ、名高いのは織田信長が天正元年（一五七三）九月に甲賀の忍者杉谷善住坊《すぎたにぜんじゅうぼう》を鋸挽にした例がある。信長は京都から岐阜へ向けて鈴鹿《すずか》山中を馬で進んでいたとき善住坊に狙撃《そげき》された。銃弾は小袖の袂《たもと》を貫いていた。三年後に捕らえた善住坊を、信長は岐阜城下で鋸挽にしたが、このときは通行人に強制的に竹の鋸で首を引かせた。七日後に首をはねるはずだったが、善住坊は六日目に絶命したという。

その後、江戸初期には数度「主殺し」の逆罪に対して極刑として行なわれ、江戸中期に『御定書百箇条』が定まると、六種ある死刑（鋸挽・磔・獄門・火罪・死罪・下手人《げしゅにん》）のなかで最高刑とされた。罪状・処刑は、

「主殺し　二日晒し、一日引廻し、鋸挽のうえ磔」

である。日本橋の晒し場の土中に設けられた穴晒し箱に首から上だけ出して朝から夕刻まで二日間、晒される。三日目には引廻しのうえ、鈴ケ森か小塚原の刑場で磔になる。鋸挽といっても実際には磔によって死ぬ。

「関東取締出役」の新設

火盗改は江戸市中だけでなく江戸近郊・在方へも頻繁に出張らなければならない。江戸から逃げた犯罪者を追いかける場合もあるし、村々からの捕縛の要請もある。火盗改の在方出張は江戸後期にふえている。それだけ農村に強盗・博奕・無宿の犯罪がふえたのである。そのため

文化二年六月、「関東取締出役」いわゆる「八州廻り」が新設された。両者の取り締まりのちがいは、火盗改はすでに犯罪を犯した者の摘発・逮捕を担当したのに対して、八州廻りは勘定奉行のもとに火盗改ほど強力な警察権を与えられていなかったことである。

村々では火附盗賊改の廻村は歓迎されなかった。火盗改が村へ出張ってくる旅費・宿泊費・食費は火盗改の自弁だが、村に着いてからは「賄い（食事）」は朝昼晩と三度用意しなければならず、しかも与力・同心用と小者・手先用の二通り出さなければならない。また捕らえた犯罪人の監視や移送にかかる費用は村の負担になったからである。

もともと手元不如意だった与力・同心にとっても、農村での探索・捕り物は苦労しただろう。たとえば、こんな悪知恵をはたらかせる与力・同心もいたのである。

「本役与力・同心、田舎へ出候節、盗賊ていの者召し捕り、富家多く御座候村方へ参り候て、盗賊を預け候由。預かり候がせつなさに金子《きんす》を差し出し候ては外村へ送り候由。昼休みの処にても少々も身代《しんだい》よろしき百姓の家にては、庭にて盗賊を拷問にかけ厳しく責め候よし。それを迷惑がり金子を差し出し、早く立ち候ようにし候よし」（『よしの冊子』六）

盗賊を捕らえると、裕福な村へ入って盗賊の一時預かりをたのむ。農家にとっては迷惑なので、金を渡してよそへ行ってもらう。また裕福そうな農家の庭先を借りて盗賊の拷問をする。これも大いに迷惑なので、金を与えてよそへ行ってもらう。江戸市中を見廻って金を無心するよりもラクで実入りの多い「出稼ぎ」になる。このため火盗改を騙《かた》る偽役人が出没したという。火附盗賊改の与力・同心のなかには、こんな手合いもいて、これも下級役人が暮らしに窮していたからである。村では盗賊が逃げ込んでくることを恐れたが、さらに火盗改が追ってきて捕らえてくれても、火盗改が村から立ち去るまで安穏とできなかった。

火盗改の内なる敵

「名奉行」とならぶ「名火盗改」は?

火附盗賊改は寛文期（一六六一～七三）の盗賊改水野小左衛門守正にはじまって、幕末（一八六〇年代）まで約二〇〇年の間に延べ二四八人が就任した。それに対して町奉行は江戸時代二六〇年を通じて延べ九五人にすぎない。火盗改の任免がいかに頻繁だったかがわかる。

ところで「名奉行」といえば、すぐに名があがるのは大岡忠相と遠山景元（金四郎）であろう。もう一人加えて語呂よく「三名奉行」にしようとすると、根岸鎮衛・筒井政憲・矢部定謙《さだのり》など、異論が出てくる。その点は火附盗賊改も同じで、中山勘解由と長谷川平蔵の二人は一致するが、第三の男となると『青標紙《あおびょうし》』では矢部彦五郎（定謙）を、『江戸時代制度の研究』（松平太郎、一九二〇年刊）では太田運八郎資経《うんぱちろうすけつね》（資統《すけのり》）をあげている。

『青標紙』は旗本で国学者の大野権之丞《ごんのじょう》（広城《ひろき》）が著した幕臣の執務上必携の「虎の巻」といえる小冊子で、天保一一年（一八四〇）に三〇〇部限定で出版された。しかし『武家諸法度』や『御定書百箇条』などの法令・刑罰などの禁令を載せていたため発禁処分をうけ、大野は流罪になった。

ところが『青標紙』は三〇〇部限定ではなく、実際にはもっと多く刷られて、幕臣は役目でミスを犯さないために密かに熟読した。そのなかに名高い三人の火盗改として伝説的な中山勘解由と長谷川平蔵と並んで、身近な同僚である矢部彦五郎の名があって、幕臣たちは驚いた。

矢部彦五郎は寛政元年（寛政三年説も）に生まれた。父定令《さだのり》は三〇〇俵取りの旗本で、目付を務めた。その嫡子彦五郎が三〇代半ば、ようやく御番入りがかない、小姓番士として出仕した。そのときのこんな逸話が伝わる。

当時は書院番・大番などでは、どの組でも古参による新参イジメが常態化していて、古参は自らを「御職様《おしよくさま》」と呼ばせ、新参者を「小僧」と呼びつけて、さまざまな難題を命じて楽しんでいた。彦五郎が初めて小姓番士として宿直のとき、古参から夜食の粥を温めろと命じられた。彦五郎は鍋を火にのせたが、そのままほったらかしにしていた。そのうち焦げ臭くなった。「小僧、粥が焦げてるのがわからぬか。早く何かでかきまぜろ!」

彦五郎は大きな声で「某《それがし》、小身とはいえ、飯炊きなんぞをしたことがない。火加減などわからぬ!」と言い、かたわらの大ロウソクを握ると、力まかせにかきまぜた。古参の者たちは驚きあわてた。咎める者がなかったのは、この新参の若者に怖れを感じたからだろう(『旧幕府』)。それにしても当時の幕臣の腐れようはひどかった。

矢部が先手筒頭に任命されたのは文政一一年(一八二八)八月で、一〇月には火附盗賊改(助役)を命じられた。矢部が御頭になった先手組は中山勘解由直守がひきいた先手筒組五番組であるが、すでに一四〇年も過ぎていて勘解由の名残はない。矢部が大手柄をあげるのは天保元年末に火盗改に再々任されたときである。腐りきっていた前任の火盗改の御頭・与力・同心を一掃するのである。

部屋頭三之助

犯罪を取り締まるはずの組織の根幹が犯罪に汚染されていることは古今、珍しいことではない。現代ならば警察官、江戸時代ならば与力・同心だけでなく、トップの奉行も金銭ほか、さまざまな誘惑が仕掛けられて欲望に引き込まれる。火附盗賊改では吉宗のとき、山川安左衛門組の与力・同心が目明の鬼子儀兵衛に汚染され、鬼子と与力二人・同心五人が死罪になった（八六ページ参照）。しかし文政・天保期（一八一八〜四四）に警察組織を汚染した三之助の仕掛けは幕府にとってはるかに重大・深刻で、鬼子儀兵衛の比ではなかった。

三之助は表向きは商家や武家に奉公人を斡旋する「人宿《ひとやど》」（口入屋）を営む主人であるが、実状は武家屋敷の中間部屋を博奕場にしている元締めであった。人宿の経営者なので、いつでも求人に応じられるように「寄子《よりこ》」をたくさん抱えているが、ほとんどが子分とか義弟と呼ばれる男たちで、奉公先はもっぱら武家、それも大名・旗本屋敷へ中間・小者を周旋するのを生業にしていた。とくに慢性的に家計に苦しんでいた旗本は、三之助が屋敷内に博奕場をひらいて多額の礼金を納めてくれるのを喜んだのである。

三之助は人宿の主人だから本来は町方に居住しなければならないのだが、奉公人の周旋より博奕の胴元で稼いでいたから、自身も武家屋敷に住みついていた。それがつねに火附盗賊改の屋敷であった。悪党の親玉ともなるとふつう異名があるが、三之助にはそれらしい通り名はなく、旗本屋敷の中間部屋の頭《かしら》を隠《かく》れ蓑《みの》にしていたので、「部屋頭三之助」と呼ばれていた。

博奕を取り締まる役所を根城にして博奕をやっているのだから、これほど安全な賭場はない。三之助は火附盗賊改の御頭はもちろん、その用人、また与力・同心に至るまで、寺銭をたっぷりと贈った。付け届けは町奉行所の内与力《ないよりき》（町奉行の家臣）や廻り方の同心にも渡されていて、町奉行所と火附盗賊改という江戸の警察組織の一部は、遅くとも矢部が火盗改に就く一〇年ほど前には三之助の手に握られていた。火附盗賊改が交代すると、三之助は前任者に紹介されて新任者に大金を持って顔つなぎの挨拶に訪れ、その中間部屋の頭におさまってしまう。ところが矢部彦五郎が就任したときは危険だと感じたのか、近づかなかった。

老中大久保忠真《ただざね》は町奉行所と火附盗賊改が三之助に汚染されているのを憂え、火盗改に再々任になった矢部を呼んで、内々に三之助の捕縛を命じた。ふつう老中の命令は「御下知《ごげち》」となり、命じられた役人ははりきって大々的な捕り物にするのだが、「御内意《ごない い》」となるとだれにも知られぬように事を仕遂げなければならない。配下の与力・同心のなかには三之助に通じている者がいるので、捕らえるまえに逃がしてしまいかねない。おびき出して捕まえるしかない。

まずは三之助がどこに潜んでいるのか、腹心の同心を使って前任者たちの屋敷をさぐらせてみると、六代前の火盗改松浦忠右衛門《ちゅうえもん》の屋敷内に住んでいることがわかった。矢部は一計を案じ、支配の若年寄に病気と届け出て屋敷から一歩も出なかった。

計略を用いて捕縛

時の火附盗賊改が病気でまったく外に出ないので、「役立たず」と市中のうわさになった。一方、配下の与力・同心は御頭が病気といいながら、医者が一人として往診に来ないのを不審に思った。矢部はある日、三之助と結託している与力二人を呼びよせ、

「わしは長病なれば、お役を辞すべきかと思っている。されど皆も知ってのとおり医者も医薬も用いずにいる。病は四百四病の外にあり、お役を退くのが無念でならぬ」

与力は畏《かしこ》まって病気は何でしょうかとたずねる。「恥ずべきことながら貧の病だ。蔵宿（札差）からもほかからも借りつくして、もはやわしに金を貸す者がない。聞くところによると、部屋頭の三之助なる者はすこぶる金満家の由。内々に借用できぬものか」

与力らは驚いたが、念を入れて話を聞くと、「三之助にお話を伝えましょう」という。三之助はかねてから矢部を取り込みたいと思いながら近づけずにいたので喜んだ。火盗改の御頭・

与力・同心の関係は一体と思われるが、与力・同心は御頭しだいで勝手にふるまう。三之助は、

「貴公らを疑うわけではないが、願わくば殿様にじかにお会いして話をうけたまわりたい」

与力は三之助が借金に応じるが、面会を願っていることを伝えた。「面会は苦しくないが、座敷に通すわけにゆかぬので、庭先で会おう」

当日、矢部は奥座敷に出ると、三之助が庭前に畏まって頭を下げている。矢部が縁先に出て二言、三言何か言うと、手筈《てはず》しておいた同心たちが駆け寄って捕縛した。どこからも邪魔の入る暇のない電光石火の逮捕劇であった。

ワナに落ちた同心の一掃

三之助の取り調べは町奉行も火附盗賊改も担当からはずし、公事方《くじかた》の勘定奉行曾我助弼《そがすけまさ》が受け持った。裁きが決まったのは天保二年五月二七日である。

「この日、先手頭松浦忠右衛門、その従僕三之助はじめ家人ら罪せらるるにより、咎められて職解かれ、御前をとどめらる。先手頭奥山主税助《ちからのすけ》その前の従僕三之助が事により、その家人ら同じく罪せらるるにより、咎められて御前をとどめらる」

（『徳川実紀』天保二年五月二七日）

約一〇年間、火附盗賊改の屋敷を根城にして、町奉行所と火附盗賊改の役人をカネで牛耳っていた部屋頭三之助が遠島になった。当然八丈島へ送られると思いきや、新島であった。かつては遠島は江戸から伊豆七島（大島・利島《としま》・新島・神津島・三宅島・御蔵島・八丈島）のいずれかであったが、寛政八年以後は八丈島・三宅島・新島の三島にかわった。

賭博の胴元の刑はふつう八丈島へ流される。三之助の場合は火盗改の屋敷内で賭場を開帳していたのだから、死罪でもおかしくないと思うのだが新島であった。幕府内部の与力・同心の腐敗をさらけだすのを避けるため、三之助の処罰に手心を加えたのだろうか。三之助は新島に流されて一五年後、弘化三年（一八四六）に病死した。五六歳である。一方、松浦と奥山の先手頭二人が罷免・出仕差控の処罰を受け、このほか処分をうけた先手組の同心と町奉行所の同心は二八人におよんだ。

火附盗賊改矢部定謙は三之助捕縛が評価されて、この年（天保二年）一〇月、四三歳で堺奉行に転役した。この後の栄進はめざましく、四五歳で大坂西町奉行、四八歳で江戸にもどって勘定奉行、五三歳で南町奉行に就任し、北町奉行の遠山金四郎は相役であった。しかし、最後は老中水野忠邦と対立し、その腹心であった鳥居耀蔵《ようぞう》との抗争に敗れて失脚、五四歳で流謫先《るたくさき》の伊勢・桑名城中で憤死する。堺奉行以後の矢部定謙の活躍については、拙著『江戸の名奉行』にくわしい。

第七章　最後の火附盗賊改

攘夷盗《じょういとう》・御用盗・鉞《まさかり》強盗

内憂外患の江戸城

泰平のねむりをさます正喜撰《じょうきせん》
たった四はいで夜もねられず

嘉永《かえい》六年（一八五三）六月三日夕刻、ペリーがひきいるアメリカ東インド艦隊の蒸気船（黒船）四隻が浦賀沖に出現した。「正喜撰」というのは宇治茶の高級銘柄「上喜撰」で、飲むと興奮して眠れない。「蒸気船」とかけて、幕府の狼狽《ろうばい》ぶり、人々の驚愕《きょうがく》を皮肉った狂歌である。

ペリーは開国を求める大統領の国書を九日、威嚇のすえに幕府へ渡すと、来年春に改めて返答を受け取りに来ると伝え、江戸湾内に大砲の轟音《ごうおん》をとどろかせてデモ航行したあと、一二日に相模灘《さがみなだ》へと船影を消した。

幕末の動乱はここからはじまる。幕府の混迷を深くしたのはペリーが去って一〇日後の二二日、病の床にあった将軍家慶《いえよし》が死去したことである。幕府は外患と内憂の厳しい両局面に一挙に立たされた。

この後、幕府が突き付けられた政治的判断は日米和親条約（一八五四年）、安政五カ国条約の締結（一八五八年）であり、それによって国中に巻き起こった尊皇攘夷の嵐、そして将軍継嗣問題から安政の大獄（一八五八年）、桜田門外の変（一八六〇年）による大老井伊《いい》直弼《なおすけ》の暗殺と、幕府の権威が急落する事態が相ついだ。

もはや幕府は朝廷の意向を確認しないと政策決定ができなくなり、幕府の中枢である江戸城は政治的な求心力が揺らいでいた。そんなとき、江戸城中でもう一つの大事が起きた。


「今夜平川御門梅林内御金蔵へ賊忍び入る。金三千両盗み取る」

（『徳川実紀』安政二年三月六日）


後日、盗まれたのは三〇〇〇両ではなく、四〇〇〇両とわかった。御金蔵が破られたことは極秘にされ、探索を命じられたのは火附盗賊改ではなく、南町奉行池田頼方《よりまさ》（「よりかた」とも）であった。江戸城の御金蔵破りほど幕府に対する盗賊の直接的な攻撃はない。幕府にとってこのうえない挑戦である「御金蔵破り小史」をざっと見ておきたい。

幕府の敵、御金蔵破り

城には大金が保管されているからといって、まともな盗賊ならば、警備が厳重で危険な御金蔵破りを企てない。造りが頑丈で、錠前も一筋縄ではいかないのがふつうで、万に一つ、錠前を外すことができても、一箱が一四キロもある千両箱を濠《ほり》や塀の外へ運び出すのは難事である。年季を積んだ盗賊は御金蔵破りなどは考えない。ところが永い江戸時代の間には御金蔵に取り憑《つ》かれた盗っ人が何人もいて命を懸けている。

五代綱吉の初政期の貞享《じようきよう》四年(一六八七)一二月、幕府の駕籠者《かごのもの》四人(一人は無罪放免)が「御城内御金蔵の錠前をねじ切り候に付き」捕らわれた(『御仕置裁許帳』)。駕籠者というのは将軍が御成《おなり》のときの乗物をかつぐ陸尺《ろくしやく》(六尺)で数十人いた。犯行は未遂であったが、取り調べは厳しくて牢内で絶命し、塩漬けにされた死骸が磔にされた。当時は縁座により、息子も獄門、妻娘は婢《ひ》(奴婢《ぬひ》)にされる。

江戸城以外の幕府の城でも御金蔵破りは発生している。京都の二条城では享保五年(一七二〇)に二〇〇〇両、寛政九年(一七九七)には四〇〇〇両が盗まれた。前者は城の警固役の同心、後者は城に出入りの錺《かざり》職人が犯人で、盗賊の仕業ではなく、ともに盗まれた金は使われることなく見つかった。御金蔵の金銀はまっさらなうえ、小判は大金すぎて使いづらかった。

その点で異例なのは甲府城で享保一九年にあった御金蔵破りで、一四二〇両余りが盗まれた。犯人が見つからないまま、警固の甲府城勤番支配や配下の与力・同心ら二二名が召し放ち・重追放などの重い刑を受け、百姓・町人六人も遠島・重追放になった。じつは城中では日常的に博奕が行なわれ、これに熱中している間に御金蔵が破られていたのである。

犯人は八年後の寛保《かんぽう》二年（一七四二）三月に捕まった。もと甲府勤番支配に仕えた奉公人だったが、辞めて巨摩《こま》郡高畑村の百姓の後家に婿入りして、次郎兵衛と名乗っていた。その庭のエノキの根元に埋められた壺《つぼ》から、盗んだ金の残り九六三両余が見つかった。

多くの盗賊はカネを盗むと、酒・女・博奕などでたちまち使いはたす。しかし次郎兵衛はまったく違っていて、盗んだ小判は月日をかけて両替屋で少しずつ小額のカネに替え、田畑も少しずつ買い増しして奉公人も増やし、六人も雇う「高持百姓《たかもち》」になっていた。

しかし御金蔵破りで捕まれば容赦はない。次郎兵衛は寛保二年六月、甲府市中引廻しのうえ町外の山崎刑場で磔になった。このとき次郎兵衛三六歳。養母は六九歳、後妻に迎えた妻は二五歳、娘は六歳、息子は三歳であった。ところが『御定書百箇条』が二カ月前に成立していて、武士はこれまでどおりだったが、庶民に対しては縁座が廃止された。綱吉のときは獄門や婢にされたが、次郎兵衛の妻子らはみな放免された。

破られた江戸城の奥金蔵

幕末の安政二年（一八五五）の四〇〇〇両の御金蔵破りにもどる。このとき盗まれたのは千両箱ではなく、二千両箱二つであった。

江戸城には御金蔵は二カ所あった。広く知られていたのは蓮池濠《はすいけぼり》をはさんで桔梗門《ききょうもん》（内桜田門）と向かい合って建つ「蓮池御金蔵」であり、もう一つは本丸奥の天守台下にあった「奥御金蔵」である。

ふだん金銭の出納が行なわれるのは蓮池御金蔵の金銀で、「勝手掛」の老中と勘定奉行が管掌した。一方、奥御金蔵は本丸奥の大奥御殿のさらに奥（裏手）にあって、非常時用のまっさらな小判・二分金、金・銀の分銅《ふんどう》が保管されていた。留守居が管轄していたが、この御金蔵の存在は秘匿されていた。この一画に近づけるのは警備役の御天守番の役人だけである。

幕府はこのとき犯罪の発生そのものを極秘にし、南町奉行池田頼方に犯人探索の内命が下った。池田は江戸中の両替商を中心に捜索をつづけたが、町奉行所は何の手掛かりもつかめぬまま、ほかの事件に取りまぎれて二年がすぎた。

安政四年三月、遠く離れた加賀（石川県）で、御金蔵破りの片割れ（無宿富蔵。留蔵とも）が捕らわれた。博奕に大負けして小判で払ったので足が付いたのである。ただちに江戸に住む主犯格の藤岡藤十郎も池田頼方の手配で捕縛された。

幕府は思いもかけず希代の御金蔵破りを捕らえて裁くことができ、幕末の難題つづきのなかで辛うじて面目を保つことができた。判決文は『徳川実紀』に簡潔なものが載るが、別書に御金蔵破りをした二人の関係や犯行の経緯までわかる判決文があり、次のとおりである。

野州犬塚村無宿
入墨　富蔵　三十三歳

「富蔵は、御天守番之頭、近藤義八郎の中間奉公を相勤め、送り迎えや供として奥御金蔵の様子をよく知り、いつごろ中間をやめたかは不明だが、その後たびたび右の場所へ忍び入り、藤十郎と申し合わせ、三重四重の戸締まりの錠前をうつし取り、合鍵をこしらえ、御金蔵の金を盗み取った。忍び入るときは北拮橋《きたはねばし》より綱ばしごをもって忍び入り、成就後は西拮橋より計略をもって出、矢来門を偽装して通ったよし、

引廻しのうえ磔

上槙町《かみまきちよう》清兵衛地借《じがり》
右同罪

藤十郎　　　三十九歳

藤十郎は、富蔵と同国同村出生の者で、いったん御小人《おこびと》を相勤め、その後暇をとり、どうしていたかはわからぬが、富蔵としめし合わせ、御金蔵の金を盗み取り、本所木場辺の抱え地に屋敷を建てて住んでいたよし、」（『巷街贅説《こうがいぜいせつ》』巻之七）

藤十郎の取り調べは町奉行所が、加賀で捕まった富蔵は江戸に護送されて勘定奉行が担当した。その後、富蔵についても町奉行が取り調べ、町奉行から老中へ御仕置伺いが出されたと思われるが、「御仕置伺い」は残念ながら残っていない。

前代未聞の御金蔵破りをやってのけた藤岡藤十郎と富蔵は、安政四年五月一三日、小塚原で磔になった。磔柱へ縛り上げられた富蔵は、左右から槍で突かれるとき両眼を見開き、「見物の衆、題目をお頼み申す」と三度叫んだという（『藤岡屋日記』第六三）。

幕府にとっては江戸城の御金蔵が破られるというのは、城を盗賊に攻め落とされたも同然であった。この御金蔵破りも含めて、御金蔵破りについては拙著『江戸の盗賊』にくわしい。

火盗改が独立の専任職へ

黒船来航後、幕府は危急存亡の秋《とき》を迎えていた。江戸の治安・警察体制は急速に崩壊へ向かっていた。幕府はこのときに至って起死回生の一手を火附盗賊改に託した。

火附盗賊改は寛文五年（一六六五）に設けられた「関東強盗追捕」に始まり、約二〇〇年間、江戸・関東ほかの盗賊らの取り締まり・捕縛・裁判をになってきた。しかし驚いたことに、この役職は専任であったことはなく、先手頭（先手弓頭・先手筒頭）らが兼任して務める役目で、そのため「加役」と呼ばれてきた。それが幕末の文久二年（一八六二）に至って突如、独立した専任の役職になったのである。

この年、幕府は黒船来航後に明白になった政治・軍事体制の欠陥を立て直すために、次々と新しい組織・役職を設けた。主なものだけでも政事総裁職（七月九日）、京都守護職（閏《うるう》八月一日）、陸軍奉行（一二月一日）、歩兵奉行（一二月一日）の新設があり、そして一二月一八日には「火附盗賊改」が独立の役所・役人として成立し、先手筒頭の土方《ひじかた》八十郎と目付の大久保雄之《ゆうの》助《すけ》の二人が任命された。これまでどおり若年寄の支配で、役高一五〇〇石・役料六〇人扶持と変わらなかったが、配下の与力・同心が大幅に増員された。火盗改はこれまで以上に増強されたのである。

文久二年の創設から慶応二年（一八六六）の組織廃止に至るまでの三年半の間に、次の五人

（延べ六人）が就任し、江戸幕府の最期に立ち会うことになる。独立の専任職になったとはいえ、当初は相変わらず就任した旗本の屋敷が役宅とされていた。それが四谷御門内の沼津藩水野出羽守忠誠《ただのぶ》の屋敷地の一部を下付されて、町奉行所のように火附盗賊改の役所が置かれたのはようやく慶応元年六月である。ここに住まいしたのは最後の火附盗賊改方戸田与左衛門だけである。

独立の専任職となってからの火附盗賊改は、この六人である（カッコ内は在任期間）。

土方八十郎勝敬《かつたか》　文久二年一二月一八日～同三年八月一三日（八カ月）
大久保雄之助忠恒《ただつね》　文久二年一二月一八日～同三年四月一二日（四カ月）
池田修理《しゅり》長発《ながおき》　文久三年　五月一四日～同三年七月一二日（二カ月）
佐久間鐇《ばん》五郎《ごろう》信義　文久三年　八月一三日～同三年九月一〇日（一カ月）
大久保雄之助忠恒　文久三年　九月一〇日～元治一年一二月二一日（一年三カ月）
戸田与左衛門正意《まさおき》　元治一年一二月二七日～慶応二年八月四日（一年九カ月）

当初は二人役であったが、文久三年に老中支配の一人役に変わり、役料が一〇〇人扶持となり、土方・大久保に代わって目付だった池田長発が就任した。四年足らずの間に六人の火附盗賊改が次々と入れ替わっており、しかも池田長発は五八日間、佐久間信義に至ってはわずか二八日間の在任である。これでは仕事にならないし、江戸市中のだれもいまの火附盗賊改がだれかを認知していなかっただろう。

同様の状況は町奉行についてもいえる。文久二年から幕府が崩壊する慶応四年までの六年間に、北町奉行は一〇人、南町奉行は一三人と任免があわただしかった。一〇日足らずの在任という町奉行が二人もいる。この間、江戸では犯罪や騒擾《そうじょう》が多発していたが、町奉行も火附盗賊改も数カ月の在職では治安の維持や警察力の行使を満足にはできなかった。

火附盗賊改についてみると、この短期の在職は無能ゆえに役替えになったのではなく、逆に有能さを見込まれて重要職に転役を命じられたのである。たとえば大久保忠恒は四カ月の火盗改ののちに神奈川奉行、二度目は作事奉行に就いた。池田長発は二カ月足らずののちに京都西町奉行となり、さらに外国奉行に抜擢されて遣欧使節正使としてフランスに渡り、幕府が安政五カ国条約で認めた横浜の開港を鎖港にもどす無理な交渉を命じられた。佐久間信義は勤仕並寄合（現役で待命）ののち、最後の南町奉行になり、町奉行所の建物・書類・資産など、すべてを明治政府に移管した（実務は筆頭与力佐久間長敬《おさひろ》が執行）。

彼らはいずれも有能な幕臣として幕末期の幕政に活躍したのである。ところが火附盗賊改としての彼らの活躍の記録はまったくない。活動の場がなくなったわけではなく、むしろ江戸市中および近郷、さらに関東各地では凶悪な強盗・殺傷事件が多発していた。

それに加えて幕末の騒擾は町奉行所や火附盗賊改の取り締まりの能力をこえるほどになっていた。最後の火附盗賊改に戸田与左衛門が命じられた元治元年（一八六四）一二月以後、盗賊の様相が変わり、江戸市中には「攘夷盗《じょういとう》」「御用盗《ごようとう》」などと呼ばれる武士・浪人の強盗集団がつぎつぎと登場し、抜き身をかざして有力な商家を襲っていた。

盗賊の首領は旗本

幕府は安政五年、勅許を得ないまま欧米列強と「五カ国条約」を結んで開国・通商を認めた。そのためこの後、京都を中心に各地で諸藩の「志士」による尊皇攘夷運動が激化した。一方、江戸の幕府中枢では「開国」と「攘夷」は争論となったが、大半の旗本ら幕臣の多くは懶惰《らんだ》に日々を過ごすだけだった。

ところが戸田与左衛門が最後となる火附盗賊改を命じられて早々の慶応元年ごろ、江戸市中には昼夜を問わず「攘夷」を唱える強盗が登場した。食いつめ浪人が金品を強奪するのに「攘夷」を口実にしたのである。

五月二日に本郷の目薬屋を襲った六、七人の侍は抜刀して押込むなり、「横浜で夷人《いじん》の討ち払いを仰せ付けられ、金子《きんす》が入用となったので無心に参った。有り金を残らず差し出してもらいたい」と脅した。三〇両余りのほか、それを上回る真珠・印籠などカネになるものを強奪した。「攘夷」というのは口実で、まさしく強盗にすぎないのだが、この手の攘夷強盗の横行が幕府の崩壊までつづくのである。

攘夷強盗のほとんどは浪人であったが、そうしたなかに旗本が首領となっている一団があった。昼間に手下が目星をつけておいた商家へ、夜になると頭領ら四、五人が闇にまぎれて押し入り、金銀を脅し取ると早々に姿をくらます。町奉行所も火附盗賊改も同心・手先を動員して探索したが、なかなか手掛かりをつかめなかった。この一党のなかには黒の頭巾《ずきん》をかぶった男装の美女がいるというので江戸市中の評判になった。

この盗賊団が北町奉行になっていた池田頼方の手により一網打尽になったのは慶応元年閏五月末で、首領は二〇〇石の旗本青木弥太郎だった。ほかに一五〇石の旗本津田孝次郎、さらにかつて清河八郎配下の浪士組士でいまは新徴組の中川一ら五人の浪士、それに一団の謀議に使われた本所元瓦町の名高い会席料理屋小倉庵の倅や料理人など総勢一〇人余で、押込先の目星をつける者と押込する者とが分かれていた。

件《くだん》の男装の美女というのは、吉原桐屋の遊女だった賑《にぎわい》（本名・多津）で、身請けされて青木弥太郎の妾となっていた。度胸のすわった女で、弥太郎が押込に行くとき多津に生首を持たせると、「旦那、血が垂れますので手拭を貸してくださいな」と手拭に包んでぶら下げて歩いた。

青木弥太郎

青木弥太郎はかつては幕府勘定所に勤めたが、文久元年、二七歳のとき御役御免になり、閉門一〇〇日を命じられて小普請入り（無役）になった。青木自身は横浜で攘夷を企てたからというが、実際は放蕩《ほうとう》や博打・恐喝などの無法のせいだろう。こんな話もある。

将軍家の鷹匠《たかじょう》が宿泊している千住の遊女屋にむりやり揚がり込み同宿したとき、威張っていた鷹匠と喧嘩になり、怒った青木は鷹を打ち殺し、焼いて食ってしまった。内聞にしてくれと泣きついたのは鷹匠のほうであった。こんな無法無頼に明け暮れており、強盗に入るのに「攘夷」は格好の大義名分になった。

この時期には珍しいことだが、青木弥太郎らに対する評定所の記録が残っている。青木らは数年前から押込強盗をしていたであろうが、記録上の最初の犯行は元治元年一一月晦日《みそか》夜、深川冬木町の町家への押込強盗である。金五二両余と銭一貫文を盗み取ったのを手始めに、この後、慶応元年五月までの六カ月間に一四カ所に押し入り、金約五六〇両、銭約五七五貫文などを「盗取」とある（『藤岡屋日記』第一一九）。

いちばん多いときで一夜で二三〇両余り、ほかは一〇〇両以下が多いから、ほかの「御用盗」に比べると、さほど大きな稼ぎをしていない。青木には盗みとは別の罪状として吉原の遊び代の不払いが三カ所ある。たとえば大黒屋では約二六両の揚代《あげ》金のうち七両だけ払って、残りは踏み倒した。幕末には「旗本」の名が泣くような情けない者がいっぱいいたが、青木弥太郎はワルの筆頭格である。

ところが小伝馬町の牢屋敷の揚座敷《あがりざしき》に留置されてのち、弥太郎は罪状をいっさい認めなかった。江戸時代の裁きで現代と大きく異なるのは幕府が自白主義をとっていたことで、証拠物件や共犯者・被害者の証言があっても、容疑者当人が犯行を自白しないかぎり、罪状・処罰が確定せず、刑も執行されないことだった。

このため青木弥太郎に対して牢屋敷で拷問が行なわれた。最初の敲《たたき》（笞打《むちうち》）はまったく効き目がなく、次には石抱《いしだき》が何度もくりかえされ九枚にまで及んだ。十露盤板《そろばんいた》のうえに正座して膝に一枚一二貫（約四五キログラム）の伊豆石《いずいし》を九枚重ねたのである。こうした拷問が一八回も行なわれたが、気を失うことがあっても最後まで自供しなかった。

青木弥太郎はそのまま牢屋敷で官軍の江戸進攻をむかえ、慶応四年七月に新政府から牢屋敷に収監中のすべての囚人を釈放せよとの命令が出され、自由の身になった。明治維新後、青木は王子（東京都北区）で料理屋を始め、「攘夷強盗」だった元旗本の店として繁盛したらしい。妾だった多津や手下の男たちは町奉行所によって処刑されただろうが、詳細は不明である。

火附盗賊改の消滅

戸田与左衛門が火附盗賊改を命じられたのは、青木弥太郎が「攘夷」を騙《かた》って盗みを働いていたさなかの元治元年一二月末である。このころ永くつづいた泰平の世に馴《な》れきって怠惰な日常に流されている旗本が多いなかにあって、与左衛門はじつは御家人から精励して旗本へ成り上がったのである。昇進のきっかけは嘉永元年、寺社奉行吟味物調役から代官となり、寛政三年以来、新規の昇進者に必要となった「永々御目見以上《えいえいおめみえいじょう》」の申し渡しを得られたことからである。

この後、納戸頭《なんどがしら》になって禄が一〇〇俵高に加増され、さらに佐渡奉行をへて文久二年に先手筒頭（役高一五〇〇石）、元治元年一二月に火附盗賊改を命じられた。御家人の出身で火盗改にまでなったのは戸田しかいない。在任は慶応二年八月までの一年九カ月間とさほど長くはなかったが、それでも幕末の六人（延べ）の火盗改のなかでは最も長期である。しかし戸田与左衛門が解任され、火附盗賊改が廃止になった慶応二年八月四日には、先手組そのものが解体されただけでなく、同時に小普請組・持組、さらに書院番・小姓組・徒組《かちぐみ》なども解体されたのである。

「慶応の軍制改革」といわれる軍事力の再編成であり、それぞれ所属していた幕臣（与力・同心）は幕府陸軍の歩兵隊に役替えになった。戸田与左衛門は「勤仕並寄合」（現役で待命。最後は陸軍撤兵頭並《さつぺいがしらなみ》）になり、与左衛門配下の与力・同心は陸軍歩兵隊の小銃隊（小筒組）に入れられた。先手組ほかの与力・同心も小銃隊か銃隊に配属された。幕臣たちは腰の刀を取りはずして、肩に鉄砲をかつぐことになったのである。これによって幕府は軍事力の増強をめざした。この大変革が断行された背景には何が起きていたのか。

幕府陸軍歩兵隊　かつては火附盗賊改の与力・同心だった者も編入された（古写真）

じつは七月二〇日、将軍家茂《いえもち》が幕長戦争（第二次長州征討）のさなか、大坂城で二一歳の若さで病死していた。幕府は秘密にし、ようやく八月二〇日になって喪を発して、一橋慶喜《ひとつばしよしのぶ》の徳川宗家相続を布告した。この一カ月間に軍事組織だけでなく、外交・行政組織の改革も進めたのである。そして一二月五日には徳川慶喜が一五代将軍に就いた。ところが、同月二五日には孝明天皇が三六歳で急死し、翌慶応三年一月九日、明治天皇が一六歳で即位する。

朝廷と幕府のトップリーダーがそろって変わり、とりまく公家・諸藩・幕閣はそれぞれの思惑を露骨にして、政局は流動する。しかし、ここは火附盗賊改解体後の江戸の治安・警察にかぎって見てみたい。江戸はこれまでとはまったく異質な騒擾の坩堝《るつぼ》と化していた。

薩摩《さつま》藩のテロ

京都で政治活動をしていた将軍徳川慶喜は慶応三年一〇月一四日、朝廷に「大政奉還」を上奏した。これが江戸の治安を根本から揺さぶることになった。徳川慶喜は政権を朝廷に返上するものの、新たな政体の元首におさまって、なおも政治の主導権を掌握する腹づもりだった。これに対して討幕派の薩摩藩・長州藩は天皇親政をめざす公家と結んで「討幕の密勅」を出させ、慶喜の生き残りを決して許さず、あくまで武力で幕府を倒す考えであった。

なかでも武力討幕派の急先鋒だった西郷隆盛が打った策は江戸・関東に騒乱を起こし、幕府の本拠を攪乱《かくらん》することだった。そのため腹心の伊牟《いむ》田尚平《たしょうへい》・益満休之助《ますみつきゅうのすけ》・相楽《さがら》総三らを用い

「薩州屋敷焼撃之図」　12月25日、庄内藩新徴組ほか幕府方による薩摩藩邸焼き打ち。薩邸浪士は品川沖に停泊する薩摩藩の翔鳳丸めざして脱出したが、逃げのびたのは数十名（早稲田大学図書館所蔵）

て関東各地でゲリラ的に反乱を起こし、また江戸市中では強盗・放火・辻斬《つじぎ》りといったテロを展開した。その戦闘部隊となったのは江戸・三田の薩摩藩邸を根城にしていた、いわゆる「薩邸浪士隊」で、かき集めた戦力は五〇〇人ほどになっていた。慶応三年一二月ごろの江戸の治安状況について、江戸に在住していた紀伊藩士堀内信は、

「此頃江戸市内は白昼悪徒横行、夜間は凶器を携え商家を劫掠《ごうりやく》、毎夜の如く諸民堵《と》に安《やすん》ずる暇《いとま》なく人心恟《きょう》恟《きょう》たり。将軍不在中なるを以て幕府は庄内藩に市中取締を命じ、同藩は二十五人ずつを一隊とし昼夜市中巡邏《じゅんら》し、尚御譜代大名若干及び五千石以上旗下《はたもと》某々へも市中取締を命じ、各持場々々を警戒したるにも拘わらず浮浪悪漢の押込強奪日に甚《はなはだし》きを加う」

（『晦結溢言《かいけつついげん》』）

と書いている。火附盗賊改が廃されてのちの江戸の市中取り締まりは、町奉行所だけではとても担いきれないので、幕府浪士組の分派で庄内藩預かりとなった「新徴組」と、幕府直轄の「遊撃隊」ほか幕府歩兵隊も駆り出された。しかし幕府の治安諸隊は薩摩藩邸浪士隊や、便乗して御用盗にはしる浪人たちが江戸市中で引き起こすゲリラ的な強盗・放火、さらに辻斬り・発砲事件を鎮圧できなかった。

蹂躙された江戸の町

このとき「銕強盗」と呼ばれる盗賊の一団があった。その押し入りの一部始終を隣家から窺《うかが》っていた商人がいる。治安が崩壊していた幕末の江戸の様子をこれほどリアルに記したものはない。長文であるが、最後に引用したい。

「慶応三年十一月頃より江戸市中に銕強盗とて市内有数の豪家を目指し、隊伍《たいご》を組んで押し入り強盗を働くこと毎夜数軒に及ぶも、町奉行付の役人等さらに手を下さず、ほとんどなすがままに横行せしむるがゆえに、市内の物持連《ものもちれん》は安き心なく、夜に入れば門戸の締りを二重または三重にして警戒するもその効なし。私の一軒置きたる隣家に、久住《くずみ》伝吉といふ下り玄米《くろごめ》問屋伊勢出店の豪家ありし。当時小網町一丁目に米の定期取引ありしが、その売買証拠金を久住店にて保管し、店の床下の穴蔵に毎日仕舞いあることを探知せしものとみえ、十二月二十日頃と記憶せるが夜の九ッ半時（午前一時）の頃、同店入口の戸を打ち破る音聴き付け、スワ隣家へ鉞組が来りしなりとて一同起き出で、二階格子戸の雨戸を開き覗き見るに、この夜朧月夜《おぼろづきよ》にて川岸土蔵の前に十名ばかり鉄砲を持ちたる者整列し居り、親父橋の角にも思案橋の方にも見張りの者を置きて斥候《せっこう》なしつつあるもののごとく、町内中は勿論、隣町にても早拍子木を打ちならし各町々へ非常を知らするのみ手を出し方もなし。賊の見張りは世間構わぬ大声にて、『ばかにカチカチ叩きやあがるな』などと話しいるうち、呼子笛《よぶこぶえ》の音を相図に千両箱を担いたる者を中に取り巻き一同思案橋の方に引き揚げたり。程経て恐る恐る久住店へ見舞に至りしに、店員等はただ呆然としてなすことを知らず。（中略）穴蔵に入りし者は錠を鉞の尻にて打ち破り、庫中金函《かねばこ》に入りしまま一分判二分銀取り交ぜ九千何百両といふ巨額の金を盗み取り、そのまま引き揚げしなり」

（『江戸の夕栄』）

これを記録した鹿島萬兵衛は明治期の紡績業界の重鎮となる実業家だが、このときは一九歳。「鉞強盗」と呼ばれたが、マサカリは商家の入口を叩き壊すときと、店の床下の穴蔵に隠してある金箱の錠前を壊すのに使うだけで、強盗団の武力の主体は一〇人ほどの鉄砲隊であった。

萬兵衛は二、三〇人からなる「鉞強盗」の組織だった盗みぶりに、「決して普通の草賊にあらざることはいうまでもなし。世間噂の薩摩強盗と言いしも無根とは言い消し難きがごとし」と、犯行は薩摩藩邸浪士隊と記している。しかし薩摩藩も当の西郷隆盛もこの後、伊牟田や益満・相楽らの江戸市中の活動について、まったく否定せずに沈黙をつづけたため、江戸側の記録のみが残るのである。

それにしても江戸の経済活動の中心である日本橋の大店が襲撃されても、幕府には強盗集団に立ち向かう戦力がなくなっていた。一二月二二日、翌二三日に庄内藩新徴組の屯所が銃撃されるに及んで、二五日、幕命をうけた庄内藩ほか三藩が薩摩藩邸焼き討ちを行なった。西郷ら武力討幕派の挑発は功を奏したのである。

その火の粉はたちまち京都へ飛び火して発火する。年明けの慶応四年一月三日、鳥羽・伏見で旧幕府軍と薩摩・長州軍は戦端を開く。「戊辰《ぼしん》戦争」である。

おわりに

二〇年以上も前になるが、歴史雑誌に「長谷川平蔵」について初めて書いた。「鬼平犯科帳特集」ということで、筆者は当時ほとんど知られていなかった『よしの冊子』を取りあげた。老中松平定信時代の旗本のゴシップがたくさん記録されている同書には、長谷川平蔵がしばしば登場する。

ところが一方で、じつは筆者は池波正太郎さんの小説もテレビ時代劇の『鬼平犯科帳』もほとんど観ていなかった。四〇〇字原稿用紙で四〇枚というかなりの文章は、長谷川平蔵の悪評で埋まったのである（淡野史良「『よしの冊子』に見る鬼平の実像」『歴史と旅』一九九四年六月号）。鬼平ファンからの怒りが編集部にあっただろうが、筆者に連絡はなかった。じつはこのことがあってから『鬼平犯科帳』を小説で読み、テレビでも観るようになった。

ところで、この四〇枚の原稿ではもっぱら「長谷川平蔵」に話が集中し、「火附盗賊改」へのアプローチはまったくできなかったのが、残念でならなかった。

その後、江戸時代を通して盗賊について一冊を書き、また性犯罪を通して江戸時代を書いたときも、火附盗賊改が気がかりだった。町奉行について書いたときには、車に両輪が不可欠なように火附盗賊改を何人か並べた。そのさい「大岡越前守や遠山金四郎だけが名奉行ではない」という思いがいつもあり、火附盗賊改も「長谷川平蔵だけが火盗改ではない」と考えていた。

それがこのたび本書で「火附盗賊改」を一書とし、約五〇人の火盗改を紹介できたのは、このうえない幸いなことだった。二〇年前に付き合いを始めて、「火附盗賊改」は今ここにようやく形を得ることができた。

本稿が集英社新書として刊行されるのは仲介の労をとっていただいた日本アート・センターの福島輝男氏による。また同社校閲の方々には筆者のアバウトな原稿の多くの誤りをご指摘いただいた。お礼を申し上げる。そして、ようやく日の目を見ることができるのは全容を統轄していただいた集英社新書編集部の西潟龍彦氏のおかげである。心から感謝を申し上げます。

二〇一六年八月

丹野　顯

江戸の治安・警察年表

将軍	和暦	西暦	時代の動き	江戸の治安・警察・犯罪など
	天正一八	一五九〇	徳川家康が江戸入城	このころ関東各地に武田・北条の敗残兵が群居する
	慶長五	一六〇〇	関ヶ原の戦い	
家康	八	一六〇三	家康が江戸幕府をひらく	
	九	一六〇四		江戸城大手口の八重洲河岸内に町奉行所を設置する
秀忠	一六	一六一一		北関東に跋扈する野盗・賊徒を討滅
	一七	一六一二		かぶき者大鳥一平を磔、三〇〇人を死罪・遠島
	一八	一六一三		関東の盗賊の頭領向崎甚内が江戸鳥越で磔になる
	元和一	一六一五	大坂夏の陣で豊臣氏滅亡	「武家諸法度」布告
	三	一六一七	吉原遊郭（元吉原）開設	
家光	寛永六	一六二九		辻斬り防止のため武家屋敷地に辻番を設置する
	八	一六三一		町奉行が二名制となり、南北の町奉行所が置かれる
	一二	一六三五	老中ほかの職務権限が確定する	
	正保二	一六四五		盗賊・無頼者の横行のため辻番所を増設
家綱	慶安四	一六五一	慶安事件（由比正雪の乱）	
	明暦三	一六五七	明暦の大火／新吉原が開業	関東の村々に「盗賊人穿鑿条々」が出される

家綱	万治 一	一六五八		定火消四組（のち一〇組）が設置される
	三	一六六〇		本所奉行を新設し、両国橋以東を管轄させる
	寛文 五	一六六五		先手頭水野小左衛門が盗賊改を命じられる
綱吉	天和 三	一六八三		火附改中山勘解由が鶉権兵衛を海老責・火刑
	貞享 二	一六八五	「生類憐みの令」が始まる	
	三	一六八六		中山勘解由が市中の旗本奴ら二百数十人を処刑
	元禄 一五	一七〇二	赤穂浪士が吉良邸討ち入り	博奕改を新設／中町奉行所を新設
	一六	一七〇三	元禄大地震が江戸・関東を襲う	
	宝永 四	一七〇七	富士山大噴火で江戸に降灰	
家宣	六	一七〇九	綱吉死去、八八〇〇人が恩赦	
家継	正徳 三	一七一三		町奉行所与力・同心の組屋敷が八丁堀に完成
	四	一七一四	絵島生島事件で大奥粛正	
	六	一七一六		新井白石が越後の大盗五左衛門を無罪にする
吉宗	享保 二	一七一七		大岡忠相が南町奉行に就任（〜三六）
	三	一七一八		盗賊改・火附改・博奕改を廃し火附盗賊改誕生
	四	一七一九	「相対済まし令」で幕臣救済	中町奉行所が廃止、南北両町奉行所にもどる
	五	一七二〇		町火消いろは四七組誕生

		七	一七二二		小石川養生所が開設される
		八	一七二三	「足高制」により人材登用	
	寛保	二	一七四二	『御定書百箇条』が制定	
家重	延享	四	一七四七		大盗浜島庄兵衛（日本左衛門）が獄門
家治	明和	九	一七七二	田沼意次が老中に就任	目黒行人坂の大火で長谷川平蔵宣雄が活躍
	安永	七	一七七八		江戸の無宿者を佐渡の水替人足に送る
	天明	三	一七八三	浅間山噴火・天明の大飢饉（〜八九）	
		四	一七八四		贄正寿が火附盗賊改から堺奉行へ転役
家斉		七	一七八七	天明飢饉で江戸に打ち壊し	長谷川平蔵宣以が火附盗賊改（助役）に就任
		八	一七八八	松平定信が寛政改革に着手	
	寛政	一	一七八九		長谷川平蔵が真刀徳次郎の盗賊団を壊滅
		二	一七九〇	石川島に人足寄場を開設	長谷川平蔵が人足寄場を統轄
		三	一七九一	江戸市中に盗賊が横行	長谷川平蔵が葵小僧らを捕縛
		一〇	一七九八		このころ池田雅次郎が悪党捕縛と裁判で活躍
	文化	二	一八〇五	関東取締出役が創設される	鳶人足と関取が「め組の喧嘩」で争闘する
		五	一八〇八		大林弥左衛門が鋸挽を執行
	天保	二	一八三一		矢部定謙が部屋頭三之助ほかを捕縛・遠島

家斉	三	一八三二		鼠小僧次郎吉が小塚原刑場で獄門
	四	一八三三	天保の大飢饉（〜三九）	
	八	一八三七	大坂で大塩平八郎の乱	
家慶	一三	一八四二	天保改革で諸禁止令が発布	
	一四	一八四三	「人返しの法」で帰農策	
	一一	一八四〇		遠山景元が北町奉行に就任（のち南町奉行）
	嘉永 三	一八五〇		国定忠治が関所破りの刑で大戸関所で磔になる
	六	一八五三	ペリーの黒船が来航する	
家定	安政 二	一八五五	安政の大地震	講武所で幕臣に洋式武術を教練
	四	一八五七		江戸城御金蔵破りの藤岡藤十郎と富蔵が磔になる
家茂	六	一八五九	安政の大獄で志士ら処刑	
	万延 一	一八六〇	桜田門外で井伊直弼暗殺	
	文久 二	一八六二	皇女和宮が家茂と結婚	火附盗賊改が加役から独立の専任職となる
	三	一八六三		浪士隊を新徴組に再編成し市中を取り締まる
慶喜	慶応 二	一八六六	家茂が病死、慶喜が将軍就任	火附盗賊改が廃止。与力・同心は幕府歩兵隊士になる
	三	一八六七	慶喜が大政奉還／王政復古	鉞強盗が頻発／幕軍が薩摩藩邸を焼打ち
	四	一八六八	戊辰戦争勃発／明治維新	町奉行所の建物・記録書類が新政府に移管される

主要参考文献（本文中に引用した史料・文献、また参考とした諸書の中から主なものをあげる）

【基本史料】
『徳川実紀』（『国史大系』第三八～五二巻　吉川弘文館　一九六四～六七年）
『徳川禁令考』前集第三・後集第三（石井良助編　創文社　一九七八年）
『御触書集成』寛保・宝暦・天保（高柳真三・石井良助編　岩波書店　一九八九年）
『御仕置裁許帳』（石井良助編『近世法制史料叢書』第一　弘文堂書房　一九三九年）
『御仕置例類集』第一～四冊（古類集）（司法省調査部編　名著出版　一九七一年）
『寛政重修諸家譜』第一～二二巻（続群書類従完成会　一九八〇～八一年）
『柳営補任』一～六（東京大学史料編纂所編　東京大学出版会　一九八三年）
『江戸刑事人名事典』（釣洋一　新人物往来社　二〇〇六年）

【参考史料】
『慶長見聞集』（三浦浄心『江戸史料叢書』新人物往来社　一九六九年）
『北条五代記』（三浦浄心『日本合戦騒動叢書』一三　勉誠出版　一九九九年）
『幕府祚胤伝』（『柳営婦女伝叢』国書刊行会　一九六五年）
『御当代記』（戸田茂睡　平凡社・東洋文庫　一九九八年）
『拷問実記』（佐久間長敬『刑罪珍書集』一　武侠社　一九三〇年）

『御定書百箇條と刑罰手続』（藤井嘉雄　高文堂出版社　一九八七年）
『折たく柴の記』（新井白石　岩波文庫　一九九九年）
『三田村鳶魚全集』第一三・一四巻（中央公論社　一九七五年）
「浜島竹枝記」（磐田市立図書館蔵　向笠尋常小学校編『向笠村誌』草稿　一九一三年）
『遠州見附宿日本左衛門騒動記　注解』（渥美登良男他編　浜松市北部公民館古文書同好会　二〇〇三年）
『七里飛脚』（徳川義親　国際交通文化協会　一九四〇年）
「中泉代官」（『磐田市誌シリーズ』第六冊　磐田市誌編纂委員会　一九八一年）
『倭紂書』（国書刊行会編『列侯深秘録』一九一四年）
『笠松町史』上巻（笠松町史編纂委員会　一九五六年）
『甲子夜話』一・三（松浦静山　平凡社・東洋文庫　一九七七年）
『翁草』（神沢杜口『日本随筆大成』第三期二一・二三　吉川弘文館　一九七八年）
『御仕置帳』（京都大学日本法史研究会編『近世法制史料集』第五巻　創文社　一九七七年）
『京兆府尹記事』（国立国会図書館蔵　寛政一一年／一七九九年）
『長谷川平蔵』（瀧川政次郎　中公文庫　一九九四年）
『幕府時代届申渡』（『百萬塔』一　金港堂　一八九一年）
『よしの冊子』（水野為長『随筆百花苑』第八・九巻　中央公論社　一九八〇〜八一年）
『宇下人言』（松平定信　岩波文庫　一九四二年）
『憲教類典』六（近藤重蔵　汲古書院　一九八四年）

『一話一言』（『大田南畝全集』第一四巻　岩波書店　一九八七年）
『親子草』（喜田有順『新燕石十種』第一巻　中央公論社　一九八〇年）
『蜑の焼藻』（森山孝盛『日本随筆大成』第二期二二巻　吉川弘文館　一九七四年）
『刑例抜萃』（大林弥左衛門　服藤弘司編著『火附盗賊改の研究』史料編　創文社　一九九八年）
「矢部駿州逸事状」（香亭迂人『旧幕府』五巻六号　旧幕府雑誌社　一九〇一年）
『藤岡屋日記』（鈴木棠三他編『近世庶民生活史料』第一二・一三巻　三一書房　一九九三～九四年）
『巷街贅説』（塵哉翁『続日本随筆大成』別巻一〇　吉川弘文館　一九八三年）
『幕府歩兵隊』（野口武彦　中公新書　二〇〇二年）
『相楽総三とその同志』（『長谷川伸全集』第七巻　朝日新聞社　一九七一年）
『晦結溢言』（堀内信　和歌山県立図書館　一九七三年）
『江戸の夕栄』（鹿島萬兵衛　中公文庫　一九七七年）

【本書に関連する拙著】

『江戸の色ごと仕置帳』（集英社新書　二〇〇三年）
『江戸の盗賊』（青春新書インテリジェンス　二〇〇五年）
『江戸の名奉行』（文春文庫　二〇一二年）

本文の原典中に、「穢多」「乞食」「非人」「婢（奴婢）」などという身分差別に関する言葉や表現が出てきますが、本書は原典の歴史性を考慮して、そのままとしております。

丹野 顯（たんの あきら）

一九四〇年、東京生まれ。作家。東京教育大学文学部卒業。月刊誌、百科事典などの編集者を経て文筆活動に入る。専門は江戸庶民の生活史、精神史。主な著書に『江戸の色ごと仕置帳』『江戸の盗賊』『江戸の名奉行』『暮しに生きる日本のしきたり』『江戸で暮らす。』『江戸のことわざ』など、また「淡野史良《たんのしろう》」の筆名で『日めくり戦国史』『江戸の庶民のかしこい暮らし術』『大奥101の謎』ほか多数。

「火《ひ》附《つけ》盗《とう》賊《ぞく》改《あらため》」の正体《しょうたい》
——幕府《ばくふ》と盗賊《とうぞく》の三百年戦争《さんびゃくねんせんそう》

集英社新書〇八五一D

二〇一六年九月二一日　第一刷発行

著者……丹野《たんの》　顯《あきら》

発行者……茨木政彦

発行所……株式会社集英社

東京都千代田区一ツ橋二-五-一〇　郵便番号一〇一-八〇五〇

電話　〇三-三二三〇-六三九一（編集部）
　　　〇三-三二三〇-六〇八〇（読者係）
　　　〇三-三二三〇-六三九三（販売部）書店専用

装幀……原　研哉

印刷所……凸版印刷株式会社

製本所……ナショナル製本協同組合

定価はカバーに表示してあります。

ISBN 978-4-08-720851-1 C0221

Printed in Japan

a pilot of wisdom

a pilot of wisdom

集英社新書　好評既刊

糖尿病は自分で治す！
福田正博　0839-I

糖尿病診療歴三〇年の名医が新合併症と呼ぶ、がんや認知症、歯周病との関連を解説、予防法を提唱する。

3・11後の叛乱　反原連・しばき隊・SEALDs
笠井　潔／野間易通　0840-B

3・11後、人々はなぜ路上を埋めつくし、声を上げはじめたのか？　現代の蜂起に託された時代精神を問う！

感情で釣られる人々　なぜ理性は負け続けるのか
堀内進之介　0841-C

理性より感情に訴える主張の方が響く今、そんな流れに釣られないために「冷静に考える」方法を示す！

日本会議　戦前回帰への情念
山崎雅弘　0842-A

安倍政権を支える「日本会議」は国家神道を拠り所に戦前回帰を目指している！　同組織の核心に迫る。

ラグビーをひもとく　反則でも笛を吹かない理由
李淳馹　0843-H

ゲームの歴史と仕組みを解説し、その奥深さとワンランク上の観戦術を提示する、画期的ラグビー教本。

「戦後80年」はあるのか
——「本と新聞の大学」講義録

モデレーター　一色　清／姜尚中
内田　樹／東　浩紀／木村草太／
山室信一／上野千鶴子／河村小百合　0844-B

日本の知の最前線に立つ講師陣が「戦後70年」を総括し、今後一〇年の歩むべき道を提言する。人気講座第四弾。

永六輔の伝言　僕が愛した「芸と反骨」
矢崎泰久　編　0845-C

盟友が描き出す、永六輔と仲間たちの熱い交わり。七月に逝った永さんの「最後のメッセージ」。

東京オリンピック「問題」の核心は何か
小川　勝　0846-H

「オリンピック憲章」の理念とは相容れない方針を掲げ進められる東京五輪。その問題点はどこにあるのか。

ライオンはとてつもなく不味い〈ヴィジュアル版〉
山形　豪　041-V

ライオンは、不味《まず》すぎるため食われずに最期を迎える……等々、写真と文章で綴るアフリカの「生」の本質。